Osho

El libro del hombre
Osho

Traducción de
Luis Martín-Santos Laffón
y
Esperanza Moriones

EDITORIAL DEBATE, S.A.

AURA ⊔ DeBOLS!LLO

Osho
   El libro del hombre.- 3ª. ed. – Buenos Aires : Debolsillo, 2003.
   272 p. ; 18x12 cm.

   Traducción de: Luis Martín, Santos Laffón y Esperanza Moriones

   ISBN 987-20609-2-4

   1. Superación Personal I. Título
   CDD 158.1

Primera edición: febrero, 2002
Primera edición en la Argentina: marzo de 2003
Tercera edición en la Argentina: noviembre de 2003

Título original: The Book of Man
Diseño de la portada: Equipo de diseño editorial
Fotografía de la portada: © Stone

© 1996, Osho International Foundation, 1999
   Publicado por acuerdo con Osho International Foundation, Zúrich
   Reservados todos los derechos
© de la traducción: Luis Martín-Santos Laffón y Esperanza Moriones
© 2000, Editorial Debate, S.A.
   Travessera de Gràcia, 47-49. 08021 Barcelona

Impreso en la Argentina
Queda hecho el depósito que previene la ley 11.723.
ISBN: 987-20609-2-4

Fotocomposición: Comptex & ASS., S.L.

Sumario

01/01/2005
?

Cuarta parte

GUSTAVO
RASSETTO

1 ENERO 2005

Primera parte

Vuelo

Bs. As (SANTIAGO)
MIAMIS / PTO. RICO

Adán

Adán fue el primer hombre, pero no porque fuese el primero —probablemente, antes que él hubo muchos otros; por tanto, la historia no los puede recordar, no tienen ego—, sino porque fue el primero en decir «no». Y a mi parecer, ¿cómo va a ser Adán el primer hombre? Seguramente hubo millones de hombres antes que él, pero ninguno de ellos dijo «no». No podían convertirse en hombres, no podían convertirse en egos.

Adán dijo «no». Sufrió por decirlo, por supuesto; fue expulsado del jardín de la felicidad.

Adán es un hombre y todos los hombres son como Adán. La infancia es el Jardín del Edén. Los niños son tan felices como los animales, tan felices como los hombres primitivos, tan felices como los árboles. ¿Habéis observado a un niño correr entre los árboles o en la playa? Todavía no es humano. Sus ojos siguen siendo transparentes pero es inconsciente. Tendrá que salir del Jardín del Edén. Este es el significado de la expulsión de Adán del Jardín del Edén, ya no forma parte de la felicidad inconsciente. Al comer la fruta del árbol de la sabiduría se ha vuelto consciente. Se ha convertido en un hombre.

No es que Adán fuese expulsado una vez, sino que

cada Adán deberá ser expulsado de nuevo. Cada niño deberá ser expulsado del jardín de los dioses; forma parte del aprendizaje. Es el dolor del aprendizaje. Hay que perderlo para volverlo a encontrar, para encontrarlo conscientemente. Esta es la carga del hombre y su destino, su tormento y su libertad, el problema y a la vez la grandeza del hombre.

¿Por qué nunca estoy satisfecho con lo que soy y con lo que la existencia me ha otorgado? Siempre estoy buscando algo mejor para hacer, ser otra persona; cuando alguien tiene más que yo, quiero tener más que él. Como dice el refrán, «la hierba siempre está más verde del otro lado de la valla». ¿A qué se debe esto?

Esto se debe a que te han confundido. Has sido dirigido hacia un lugar distinto al que la naturaleza había pensado para ti. No estás yendo hacia tu propio potencial. Estás intentando ser lo que los demás quieren que seas, pero esto no te puede satisfacer. Cuando no es satisfactorio, la lógica dice: «Quizá no sea suficiente; toma un poco más.» Entonces, sigues buscando; empiezas a mirar a tu alrededor. Todo el mundo aparece con una máscara sonriente, feliz, porque todo el mundo está engañando a los demás. Tú también te presentas con una máscara; los demás creen que eres más feliz. Y tú te crees que ellos son más felices.

La hierba parece más verde al otro lado de la valla..., pero desde ambos lados. A los que viven al otro lado de la valla les parece más verde tu hierba. Realmente parece más verde y más fuerte, mejor. Este es el equívoco que provoca la distancia. Cuando te aproximas, empiezas a comprobar que no es así. Pero las personas guardan las distancias entre ellos. Incluso los amigos, hasta los amantes se mantienen a cierta distancia; demasiada proximidad podría resultar peligrosa, podrían entrever tu realidad.

Te han engañado desde el principio, de modo que, hagas lo que hagas, seguirás siendo desdichado. La naturaleza no entiende de dinero, si no, el dinero crecería en los árboles. La naturaleza no entiende de dinero; el dinero no es más que una invención del hombre, útil pero peligrosa. Cuando ves a alguien que tiene mucho dinero piensas que quizá el dinero da la felicidad: «Fíjate en esa persona, parece muy feliz», por eso corre detrás del dinero. Hay alguien que tiene mejor salud, corre tras la salud. Si alguien hace cualquier cosa y parece muy contento, síguele.

Pero siempre son los demás, y la sociedad lo ha organizado de tal forma para que nunca te fijes en tu propio potencial. La desgracia es que no estás siendo tú mismo. Sé tú mismo y dejará de haber desdicha, competencia y preocupación porque los demás tengan más que tú.

Si quieres que la hierba sea más verde no hace falta que mires al otro lado de la valla; puedes conseguir que la hierba sea más verde de *este* lado de la valla. Conseguirlo es muy sencillo. Pero estás mirando en todas las direcciones y todos los prados tienen buen aspecto, menos el tuyo.

El hombre debe basarse en su propio potencial, sea cual sea, y nadie debería darle órdenes, guiarle. Deberían de ayudarle, vaya donde vaya o se convierta en lo que se convierta. Y entonces el mundo estará tan contento que no te lo podrás creer.

Nunca he sentido descontento, ni siquiera en mi infancia, por la sencilla razón de que nunca he permitido que nadie me distrajera de lo que estaba haciendo o intentando ser. Eso me ha ayudado inmensamente. Ha sido difícil, las dificultades se han ido incrementando y ahora el mundo entero está en mi contra. Pero no me molesta. Soy completamente feliz, estoy contento. No puedo imaginarme que hubiese sido de otra manera. En cualquier otra situación habría sido desgraciado...

El mundo está contra la individualidad. Está en contra de tu ser natural, de que seas simplemente.

Quiere que seas un robot, y como has aceptado serlo ahora tienes dificultades. No eres un robot. La intención de la naturaleza no era convertirte en un robot. Y por eso, como tu destino no era ese, estás permanentemente buscando: «¿Qué me falta? Quizá unos muebles mejores, unas cortinas mejores, una casa mejor, una esposa mejor, un trabajo mejor...». Lo intentas durante toda tu vida, corriendo de un sitio a otro. Pero la sociedad te ha confundido desde el primer momento.

Mi esfuerzo consiste en que volváis a vuestro ser, y de repente os daréis cuenta de que ha desaparecido todo el descontento. No hay necesidad de ser más, ya eres suficiente. Todo el mundo es suficiente.

¿Por qué me resulta tan difícil quererme?

Los niños nacen con un enorme amor hacia sí mismos. Es la sociedad la que destruye ese amor, es la religión la que destruye ese amor, porque si el niño se sigue amando a sí mismo, entonces, ¿quién amará a Jesucristo? ¿Quién amará al presidente? ¿Quién amará a sus padres? El amor de un niño hacia sí mismo ha de ser desviado. Hay que condicionarle de manera que su amor se dirija siempre hacia un objeto externo. Esto hace al hombre muy pobre, porque cuando quieres a alguien externo a ti —ya sea Dios, el Papa, tu padre, tu esposa, tu marido, tus hijos—, cualquiera que sea el objeto de tu amor, te vuelve dependiente de ese objeto. A tus propios ojos te conviertes en algo secundario, te conviertes en un mendigo.

Al nacer eras un emperador totalmente satisfecho contigo mismo. Pero tu padre quiere que le quieras, tu madre quiere que la quieras. Todos a tu alrededor se quieren convertir en objeto de tu amor. A nadie le preocupa que si un hombre no puede amarse a sí mismo tampoco será capaz de amar a nadie. De modo que se crea una sociedad enloquecida, donde todo el mundo intenta querer a alguien, sin tener nada que dar. Y la otra persona tampoco tiene nada que dar. ¿Por qué están los amantes continuamente peleando, discutiendo, molestándose? Por la sencilla razón de que no están consiguiendo lo que pensaban obtener. Ambos son mendigos, ambos están vacíos.

A un niño debidamente educado se le debe permitir crecer en amor hacia sí mismo, de forma que esté tan lleno de amor que compartirlo se convierta en una necesidad. Está tan repleto de amor que quiere compartirlo con alguien. Entonces, el amor nunca te hará depender de nadie. Tú eres el que da, y el que da nunca es un mendigo. Y el otro también da. Y cuando se encuentran dos emperadores, dueños de sus propios corazones, se produce una inmensa alegría. Nadie depende de nadie; todo el mundo es independiente e individual, centrado en sí mismo, arraigado en sí mismo. Sus raíces van hasta el fondo de su propio ser, de donde brota el néctar llamado amor hacia la superficie y florece con miles de rosas.

Este tipo de persona no ha sido posible hasta el momento por culpa de vuestros profetas, de vuestros mesías, de vuestras encarnaciones de Dios y todas las demás clases de idiotas. Os han destruido en beneficio de su gloria, de su propio ego. Os han machacado completamente.

Tiene una lógica. O bien el mesías, el salvador, se convierte en el objeto de tu amor, y tú no eres más que una sombra siguiéndole ciegamente, o bien estás totalmente satisfecho, rebosando amor y floreciendo con miles de rosas, y en ese caso, ¿quién quiere ser salvado? Ya estás salvado. ¿A quién le interesa el paraíso? Ya estás en él.

Cuando aprendas a amarte a ti mismo desaparecerán los sacerdotes, los políticos se quedarán sin seguidores; todos los intereses creados de la sociedad irán a la bancarrota. Se aprovechan de ti de una forma psicológica muy sutil y por eso prosperan.

Pero aprender a amarse no es difícil, es natural. Si has conseguido hacer algo antinatural, como aprender a querer a los demás sin quererte a ti mismo, entonces lo otro es sencillo. Has hecho casi lo imposible. Sólo se trata de una cuestión de comprensión, una comprensión muy simple, que es: «Debo amarme a mí mismo; de lo contrario, me perderé el sentido de la vida. No creceré, sino que envejeceré. No tendré individualidad. No seré auténticamente humano, digno, íntegro».

Por otra parte, si no te amas a ti mismo no puedes amar a nadie más en el mundo. Muchos de los problemas psicológicos aparecen porque has sido alejado de ti mismo. Eres «indigno», no eres lo que deberías ser; debes rectificar tus actos. Te tienes que amoldar a una personalidad determinada.

En Japón hay árboles de cuatrocientos años cuya altura no llega a los quince centímetros. Ellos lo consideran una forma de arte. ¡Esto es un asesinato, un verdadero asesinato! El árbol parece viejo pero sólo mide quince centímetros. Habría medido cincuenta metros, tratando de alcanzar las estrellas. ¿Qué le han hecho? ¿Qué estrategia han usado? La misma que se usa contra la humanidad, contra los seres humanos. Colocan el árbol en un tiesto casi plano. Entonces, a medida que crecen las raíces se las van cortando, porque el tiesto casi no tiene fondo. Van cortando las raíces, y si las raíces no profundizan, el árbol no puede crecer. Se hace viejo pero no crece. Esto es exactamente lo mismo que se ha hecho con los seres humanos.

El amor hacia ti mismo es una necesidad básica para tu crecimiento. Por eso te enseño a ser egoísta, que es lo natural.

Vuestras religiones os han enseñado a ser altruistas, a sacrificaros por cualquier estúpido ideal: por la bandera, que sólo es un pedazo de tela podrida. Os sacrificáis por la nación, que no es más que una fantasía, porque en ningún lugar aparece la tierra dividida en naciones. Dividir la tierra en el mapa es una argucia de los políticos. ¡Te estás sacrificando por unas líneas dibujadas en un mapa! Mueres por tu religión: cristianismo, hinduismo, budismo, islamismo. Lo han hecho de tal forma que consiguen atrapar al individuo. Si mueres por tu patria te llamarán mártir. Sólo estás cometiendo un suicidio, y además, por un motivo ridículo. Si mueres por tu religión irás al paraíso, disfrutarás de eternas bendiciones. Te están manipulando. Pero hay algo básico en esta manipulación que es: no te ames a ti mismo; ódiate, porque no eres digno de nada.

Todo el mundo está lleno de odio hacia sí mismo. Y si te odias, ¿cómo crees que vas a encontrar a alguien que te quiera? Ni siquiera estás listo para quererte a ti mismo; es imposible que te quiera nadie. Has aceptado la idea de que no vales nada a menos que observes ciertas reglas, dogmas religiosos o ideas políticas.

Al nacer no eras cristiano ni católico; no naciste comunista. Cada niño viene al mundo como una *tabula rasa*, totalmente en blanco. No hay nada escrito —ni la Biblia, ni el Corán, ni el *Gita* ni el *Capital*—, no, no hay nada escrito. No trae consigo un libro sagrado, viene con la inocencia más absoluta. Pero su inocencia se convierte en el mayor problema porque está rodeado de lobos disfrazados de políticos, de sacerdotes, de padres, de profesores. Todos se abalanzan sobre tu inocencia. Empezarán a escribir cosas sobre ti y más tarde creerás que son tu legado. Han destrozado tu legado. Ahora ya pueden esclavizarte, convertirte en lo que ellos quieran. Si quieren que asesines a gente inocente...

Hay mafias religiosas, hay mafias políticas que se siguen aprovechando de ti. Tal vez sean enemigas la una de la otra, pero todas coinciden en un punto: no se debe permitir que el hombre se ame a sí mismo. Eso corta las raíces de su propio ser y entonces le convierte en un ser desvalido, desarraigado, un barco a la deriva; pueden hacer con él lo que quieran.

Los habitantes de este país (Estados Unidos) han matado a gente inocente, a los pobres de Vietnam. ¿Qué tenía que ver ese asunto con ellos? Y no solamente en uno de los bandos. Mandaron a su propia gente, que aún no había disfrutado de la vida, para matar y ser matados en nombre de la democracia, en nombre de América. Pero, ¿por qué tenemos que sacrificarnos en el nombre de nadie? Los musulmanes y los cristianos han estado luchando, se han estado matando en el nombre de Dios. Ambos luchan y matan en el mismo nombre: Dios. ¡Qué mundo más extraño hemos creado!

Pero la estrategia es muy sencilla: destruye el amor que por naturaleza tiene cada ser hacia sí mismo, y se volverá tan indigno a sus propios ojos que estará dispuesto a hacer cualquier cosa para conseguir una medalla de oro, simplemente para sentirse un poco más valioso, para sentir que él también es alguien. ¿Veis todos los galones de colores que llevan vuestros generales? ¿Qué clase de estupidez es esa? A medida que el general se va aniquilando, destruyendo, los galones van aumentando.

Puedes llevar todos esos colores en la camisa, no creo que haya ninguna ley que te lo impida, pero te dará un aspecto sencillamente ridículo. ¿No tienen los generales un aspecto ridículo? Son respetados, son grandes héroes. Y, ¿qué han hecho? Asesinar a muchas personas de vuestro país, asesinar a muchas personas de otros países. Son recompensados por esos asesinatos. ¿Habéis visto alguna vez una sociedad que recompense a los amantes? No, los amantes siempre son censurados. No hay ninguna sociedad que respete a los amantes; el amor es el anatema de la sociedad. Por tanto, lo primero que tienen que hacer los poderes establecidos es alejarte del amor, y hasta el momento lo han conseguido.

Millones de años..., y el hombre sigue siendo un esclavo, sigue sintiendo en su interior un profundo complejo de inferioridad, de falta de dignidad, porque no es capaz de cumplir lo que se le exige. En realidad, todo lo que se exige es tan antinatural que no hay forma de cumplirlo. Los mesías se engrandecen cada vez más a costa de tu falta de dignidad, porque dicen, porque prometen que son los salvadores; dicen que te van a salvar. Tú no te puedes salvar. Nunca te han permitido que aprendieses a nadar. Por tu cuenta sólo te podrás ahogar.

Los políticos siguen dándote esperanzas de que pronto no habrá pobreza; sin embargo, la pobreza va en aumento. No está disminuyendo, sino que está aumentando. Cada día mueren miles de personas en Etiopía. Y te sorprenderás: en América hay medio millón de personas que padecen de sobrealimentación, obesidad; cada vez son más gordos. En Etiopía la gente padece de raquitismo, pasan hambre y mueren. En América la gente muere de sobrealimentación, en Etiopía mueren porque no tienen nada de comer. ¿Os parece razonable el mundo que hemos creado?

Muy pronto la mitad de India estará abocada al mismo destino que Etiopía; y el gobierno de India está vendiendo trigo y exportándolo al resto del mundo. Sus propios habitantes van a morir y no en pequeñas cantidades. El 50 por 100 de India está en el límite, en cualquier momento se puede convertir en una Etiopía más grande. Pero los dirigentes políticos venden trigo a otros países porque quieren plantas nucleares, quieren energía atómica para poder competir en esta ridícula carrera que está teniendo lugar.

Todo esto sucede en nombre del altruismo. Quiero que seas absolutamente egoísta. Quiérete, sé tú mismo. No dejes que te distraiga ninguna persona, ya sea religiosa, política, social o educativa. Tu responsabilidad primera no es hacia la religión ni hacia la nación, es hacia ti mismo. Y fíjate: si todo el mundo se ama y se cuida, su inteligencia llegará a la cima, su amor le desbordará. Para mí, la filosofía del egoísmo le hará realmente altruista porque tendrá tanto para compartir y para dar que dar será para él una alegría, compartir será una celebración. El altruismo sólo puede ser un derivado del amor hacia ti mismo.

Como no te quieres, te sientes débil, porque el amor es tu alimento, es tu fuerza. Naturalmente, ¿cómo puedes sentirte responsable? Sigues cargándole a otro con tu responsabilidad. Dios, el destino, o Adán y Eva son los responsables. La responsable es la serpiente, porque sedujo a Eva para que desobedeciera a Dios. ¿Te das cuenta de la idiotez de cargarle toda la responsabilidad a alguien? Una serpiente..., probablemente hace millones de años. He intentado conversar con una serpiente, con una culebra..., pero no hablan. De hecho, ni siquiera oyen. He descubierto que las serpientes no tienen oídos; los oídos no forman parte de su fisiología. Si no pueden oír, ¿cómo van a hablar? ¿Cómo pudieron persuadir a Eva? Pero tenemos que echarle la culpa a alguien. Adán se la echa a Eva. Eva a la serpiente. La serpiente, si pudiese hablar, se la echaría a Dios.

De esta forma, podemos seguir delegando nuestra responsabilidad sin comprender que no llegaremos a ser verdaderos individuos hasta que no nos hagamos responsables de nosotros mismos. Eludir la responsabilidad es destructivo para tu individualidad. Pero sólo puedes aceptarla si tienes un tremendo amor hacia ti mismo.

Acepto mi responsabilidad y me alegro de hacerlo. Nunca le he cargado mi responsabilidad a nadie porque eso es perder la libertad, es esclavizarse, es estar a merced de los demás. Sea yo quien sea, soy única y absolutamente responsable. Eso me confiere mucha fuerza. Me da raíces, me centra. Pero el origen de mi responsabilidad es que me amo. Yo también he tenido que pasar por el mismo tipo de explotación de masas. Pero dejé claro, desde el principio, que si me empujaban me negaría a entrar en el cielo. Por voluntad propia estoy dispuesto a ir al infierno. Por lo menos, mantendré mi independencia, será mi elección.

Mis padres, mis profesores y mis maestros se enfrentaban conmigo. Pero les dije: «Os aseguro que no puedo aceptar sobornos para convertirme en un esclavo. Prefiero sufrir durante toda la eternidad en los fuegos del infierno, pero seguiré siendo yo mismo. Al menos me quedará esa satisfacción: es mi elección, no me ha obligado nadie».

Si te llevan prisionero al paraíso, ¿crees que lo disfrutarás? Ir al paraíso detrás de Jesucristo, de Moisés, de Buda o de Krisna..., ¿qué clase de paraíso es este, donde se espera que creas con fe ciega, donde no puedes hacer preguntas, no puedes cuestionar nada? Ese paraíso es peor que el infierno. Pero la gente ha sido alejada de su verdadera naturaleza.

Quiero que vuelvas a casa. Respétate. Siente la alegría y el orgullo de saber que la existencia te necesita; de lo contrario, no estarías aquí. Celebra que la existencia no puede prescindir de ti. En primer lugar, ese es el motivo por el que estás aquí. La existencia te ha dado una oportunidad, una vida llena de tesoros inmensos que se esconden en tu interior: la belleza, el éxtasis, la libertad.

¡Pero no eres existencial! Eres cristiano, budista, hindú. Y sólo quiero que creas en una cosa: en la existencia. No hace falta que vayas a la iglesia o a la sinagoga. Si no puedes experimentar el cielo, las estrellas, el atardecer, el amanecer, las flores abriéndose, los pájaros cantando... ¡Toda la existencia es un sermón! No ha sido preparado por un estúpido sacerdote..., está en todas partes.

Sólo tienes que confiar en ti mismo, que es otra forma de decir amarte a ti mismo. Y cuando confías en ti mismo y te amas, entonces, obviamente, te has responsabilizado de lo que eres, seas quien seas. Eso te da una experiencia del ser tan tremenda que nadie te podrá esclavizar de nuevo.

¿Puedes ver la belleza que hay en un individuo que es capaz de mantenerse erguido él solo? Y pase lo que pase —alegría o tristeza, vida o muerte—, el hombre que se ama es tan íntegro que no sólo será capaz de disfrutar de la vida, sino también de la muerte.

Sócrates fue castigado por la sociedad. Es inevitable que las personas como Sócrates sean castigadas porque son individuos y no permiten que nadie les domine. Fue envenenado. Estaba tumbado en la cama mientras el hombre que tenía que darle el veneno lo estaba preparando. Atardecía, era la hora convenida. La corte había decidido la hora exacta, pero el hombre lo estaba retrasando. Sócrates le preguntó:

—El tiempo pasa, el sol se está poniendo, ¿por qué te estás retrasando?

Este hombre no podía creer que alguien que estaba a punto de morir fuese tan escrupuloso con la hora de su muerte. En realidad, debería estar agradecido por el retraso. Él adoraba a Sócrates. Le había oído hablar en la corte y había visto la belleza que había en él: él solo tenía más inteligencia que todo Atenas. Quería retrasarlo un poco para que Sócrates pudiera vivir un poco más, pero Sócrates no se lo permitió. Le dijo:

—No seas vago. Trae el veneno.

Mientras se lo estaba dando, le preguntó:

—¿Por qué estás tan emocionado? Te veo tan radiante, veo tanta curiosidad en tus ojos. ¿No te das cuenta? ¡Vas a *morir!*

Sócrates dijo:

—Eso es lo que quiero conocer. La vida ya la conozco.

Ha sido hermosa; con todas las ansiedades y las angustias pero, a pesar de todo, ha sido un placer. Simplemente respirar es una gran alegría. He vivido, he amado; he hecho todo lo que he querido, he dicho todo lo que he querido. Ahora quiero saborear la muerte, y cuanto antes mejor.

Sólo hay dos posibilidades: que mi alma siga viviendo bajo otras formas, como dicen los místicos orientales; eso es muy emocionante, viajar con el alma libre del lastre del cuerpo. El cuerpo es una celda, tiene sus limitaciones. O quizá tengan razón los materialistas, y cuando muere tu cuerpo, muere todo. Después ya no queda nadie. Eso también es muy emocionante: ¡no ser! Sé lo que significa ser y ha llegado el momento de saber lo que significa no ser. Y cuando ya no soy, ¿qué problema hay? ¿Por qué me tendría que preocupar? Yo no estaré allí para preocuparme; de modo que ¿para qué perder el tiempo ahora?

Así es el hombre que se ama a sí mismo. Escogió incluso la responsabilidad de su muerte, porque el tribunal no tenía nada contra él; solamente era el prejuicio del público, el prejuicio de la gente mediocre que no podía entender la chispa de la inteligencia de Sócrates. Pero eran la mayoría, y decidieron darle muerte.

No pudieron rebatir ni un solo argumento de Sócrates. Creo que ni siquiera entendían lo que les estaba diciendo, eran incapaces de responder. Y él destruyó todos sus argumentos. A pesar de todo, se trataba de una democracia; los ciudadanos decidieron que era peligroso y había que envenenarle.

¿Cuál era su delito? Su delito fue que «hace rebelde a nuestra juventud, los vuelve escépticos, se vuelven raros. Crea una brecha entre los mayores y los jóvenes. Ya no nos escuchan, discuten por todo, y es por culpa de este hombre».

Pero los jueces eran mejores que la gente corriente. Le dijeron a Sócrates:

—Te damos varias alternativas. Si te marchas de Atenas y prometes no volver nunca más, te podrás salvar de la muerte. Pero si quieres quedarte en Atenas, tendrás que dejar de hablar, entrarás en silencio. En ese caso, también podremos convencer a la gente de que te dejen vivir. Si no, la tercera alternativa es que mañana, al ponerse el sol, te tendrás que tomar el veneno.

¿Qué hizo Sócrates? Dijo:

—Estoy dispuesto a tomarme el veneno mañana u hoy, cuando esté preparado, pero no puedo dejar de decir la verdad. Si estoy vivo, seguiré diciéndola hasta mi último aliento. No me puedo ir de Atenas sólo para salvarme, porque si no, me sentiré como un cobarde que se asustó de la muerte, que se escapó de la muerte, que ni siquiera pudo tomar la responsabilidad de su muerte. He vivido según mi propio pensamiento, sentimiento, ser; quiero morirme así también. Y no te sientas culpable. Nadie es responsable de mi muerte, soy yo el responsable. Sabía que iba a suceder, porque hablar de la verdad en una sociedad que se basa en la mentira, la decepción y la ilusión es tentar a la muerte. No culpéis a esta pobre gente que ha decidido darme muerte. Si hay alguien responsable, ese soy yo. Y quiero que sepáis que he vivido siendo responsable de mí mismo y que voy a morir siendo responsable de mí mismo. Mientras vivía, he sido un individuo. A la hora de la muerte, soy un individuo. Nadie decide por mí. Tomo mis propias decisiones.

Esto es dignidad. Esto es integridad. Todo ser humano debería ser así. Si la tierra estuviese llena de gente como esta podríamos hacer que fuese tan hermosa, tan extática, tan abundante en todo...

Pero no hay individuos, de modo que te tienes que responsabilizar de ti mismo. Sólo serás capaz de hacerlo cuando empieces a amar todo lo que tú eres: la existencia te ha querido así. Si la existencia hubiese querido otro Jesucristo, lo habría creado. Ser cristiano, musulmán o hinduista es horrible.

Sé tú mismo, nada más que tú mismo, simplemente tú mismo. Y recuerda que estás arriesgando mucho cuando declaras que eres tú mismo. No perteneces a ningún grupo, a ningún rebaño. Todos son rebaños: los hinduistas, los musulmanes, los cristianos, los comunistas. Te estás declarando un individuo, sabiendo perfectamente que es peligroso. Tal vez la multitud nunca te lo perdone. Pero es tan bonito arriesgarse, caminar por el filo de la navaja, donde cada paso que das es peligroso. Cuanto más peligrosamente vives, más vives. Y es posible vivir en un instante toda la eternidad, si estás preparado para vivir con totalidad, arriesgando absolutamente todo.

No quiero que seas un hombre de negocios, quiero que seas un jugador. Y cuando estés apostando, juégatelo todo. No te guardes nada para después. Entonces, pase lo que pase, te traerá grandes bendiciones. Aunque te conviertas en un mendigo, tu ser será mucho más majestuoso que el de un emperador.

La humanidad no puede caer más bajo. Pero *ha* caído; ha olvidado la risa que tienen todos los niños al nacer; ha perdido el camino hacia el bienestar y la integridad.

La puerta se abre en este mismo instante, siempre en el aquí y ahora, donde se cruzan continuamente la vida y la muerte. Has elegido orientarte hacia la muerte porque les interesa a los que están en el poder, y has olvidado que la vida va pasando mientras te ahogas en la tristeza.

Una vez, un discípulo le preguntó a Confucio cómo ser feliz, cómo ser dichoso. Confucio le dijo: «Estás haciendo una pregunta muy extraña, son cosas naturales. Una rosa no pregunta cómo ser una rosa». En lo que se refiere a la tristeza y la desdicha, tendrás mucho tiempo cuando estés en la tumba; entonces podrás ser desdichado a tus anchas. Pero mientras estás vivo, estate totalmente vivo. De esa totalidad y de esa intensidad surgirá la felicidad y, sin duda, un hombre feliz aprende a bailar.

Queremos que toda la humanidad sea feliz, baile, cante. Entonces todo el planeta será maduro, su conciencia evolucionará. La conciencia de un hombre desgraciado, triste, no puede ser muy penetrante; su conciencia es débil, mortecina, pesada, oscura. Sólo cuando te puedes reír sinceramente desaparece toda la oscuridad como en un destello.

Cuando te ríes eres tu auténtico ser. Cuando estás triste cubres tu rostro original con una falsa identidad que la sociedad espera de ti. Nadie quiere que seas tan feliz como para ponerte a bailar en la calle. Nadie quiere que rías de todo corazón; si no, los vecinos empezarán a llamar a tu puerta: «¡Para!». El sufrimiento está bien; la risa es molesta. La gente desgraciada no puede tolerar que los demás no lo sean. El único crimen de la gente como Sócrates fue ser totalmente feliz, y su felicidad provocó mucha envidia entre las masas que vivían en la miseria. Las masas no pueden tolerar ver a la gente feliz, hay que destruirlos porque te inducen a una posibilidad de rebelión, y tienes miedo de la rebelión. Cuando un hombre se enamora de la rebelión va por buen camino.

La víctima

¿Por qué no te conoces a ti mismo? Debería ser la cosa más sencilla del mundo y se ha vuelto difícil, lo más difícil. Conocerse se ha vuelto casi imposible. ¿Dónde está el error? Tienes la capacidad de conocerte. Tú estás ahí, la capacidad de conocerte también está ahí. Entonces, ¿qué ha sucedido? ¿Por qué la capacidad de conocer no puede volverse hacia sí misma?

Sólo hay un error, y a menos que lo arregles, seguirás sin saber quién eres. Y el error es que se ha creado dentro de ti una división. Has perdido tu integridad. La sociedad te ha convertido en una casa dividida, dividida en contra de ti mismo.

La estrategia es sencilla; una vez que la hayas entendido, puedes eliminarla. La estrategia consiste en que la sociedad te ha dado unos ideales de cómo deberías ser. Y te los ha inculcado tanto, que siempre estás interesado en el ideal «cómo debería ser», olvidándote de *quién eres*.

Estás obsesionado con el ideal futuro y te has olvidado de la realidad presente. Tus ojos están mirando al futuro lejano. En consecuencia, no pueden mirar hacia dentro. Continuamente estás pensando qué hacer, cómo hacerlo, cómo llegar a ser esto. Tu lenguaje se ha convertido en un idioma de deber y convenir, mientras que la realidad sólo consiste en *ser*. La realidad no conoce deberes o conveniencias.

Una rosa es una rosa, no se plantea la cuestión de ser cualquier otra cosa. Y la flor de loto es la flor de loto. La rosa no intenta convertirse en una flor de loto, y la flor de loto nunca intenta convertirse en una rosa. Por tanto, no están neuróticas. No necesitan psiquiatras ni psicoanálisis. La rosa está sana porque simplemente vive su realidad. Y esto le sucede al resto de la existencia excepto al hombre. Sólo el hombre tiene ideales y deberes. «Debería ser esto y lo otro»; entonces te divides contra tu propio *ser*. Deber y ser son enemigos.

Y no puedes ser algo diferente de lo que eres. Deja que esto cale profundamente en tu corazón: sólo puedes ser lo que eres, nada más. Cuando te ha penetrado esta verdad, «sólo puedo ser yo mismo», desaparecen todos los ideales. Automáticamente se descartan. Y cuando no hay ningún ideal, te encuentras con la realidad. Entonces tus ojos están aquí y ahora, estás presente en lo que eres. Desaparece la división, la separación. Eres uno.

Este es el primer paso: sé uno contigo mismo. Este primer paso se ha vuelto difícil debido a todo el condicionamiento, a toda la educación, a todos los esfuerzos por civilizarte. Si has dado el primer paso simplemente al aceptarte y amarte tal y como eres, momento a momento... Por ejemplo, estás triste. En este momento estás triste. Todo tu condicionamiento te está diciendo: «No deberías estar triste. Está mal. No deberías estar triste. Tienes que estar contento». Aquí surge la división, el problema. Estás triste: esta es la verdad en este momento. Y tu condicionamiento, tu mente dice: «No deberías estar así, tienes que estar contento. ¡Sonríe! ¿Qué van a pensar de ti?». Si estás tan triste, tu mujer te puede abandonar; si estás tan triste, quizá tus amigos te abandonen; si sigues estando tan triste, tu negocio se hundirá. Tienes que reírte, tienes que sonreír, tienes que fingir al menos que eres feliz. Si eres médico, tus pacientes no se sentirán bien si te ven tan triste. Quieren un médico feliz, alegre, saludable, y tú tienes un aspecto tan triste. Sonríe..., aunque tu sonrisa no sea verdadera, pon una sonrisa falsa, pero sonríe. Al menos finge, disimula.

El problema es que finges, disimulas. Logras sonreír, pero entonces te divides en dos. Has reprimido la verdad, te has vuelto falso. La sociedad respeta a los farsantes. El farsante se convierte en un santo, se convierte en un gran líder. Y todo el mundo le empieza a seguir. El farsante es tu ideal.

Por eso eres incapaz de conocerte. ¿Cómo te vas a conocer si no te aceptas? Siempre estás reprimiendo tu ser. ¿Qué hay que hacer entonces? Cuando estés triste acepta la tristeza: eso eres tú. No digas: «Estoy triste». No digas que la tristeza está separada de ti. Simplemente di: «Soy la tristeza, en este momento soy la tristeza». Vive tu tristeza con total autenticidad. Te sorprenderás de cómo se abre en tu ser una puerta milagrosa. Si puedes vivir tu tristeza sin la idea de ser feliz, entonces serás feliz automáticamente, porque desaparecerá la división. Ha dejado de haber divisiones. «Soy la tristeza», y entonces deja de surgir la cuestión de tener el ideal de querer ser otra cosa. De modo que no hay ningún esfuerzo, ningún conflicto. «Simplemente soy esto», y se produce una relajación. Y en esa relajación hay gracia, en esa relajación hay alegría.

El dolor psicológico existe porque estás dividido. El dolor significa separación y la felicidad significa no separación. Te parecerá paradójico: ¿cómo te vas a alegrar si estás triste y aceptas tu tristeza? Te puede parecer paradójico, pero es así. Inténtalo. No te estoy diciendo «intenta ser feliz», no te estoy diciendo «acepta tu tristeza para que puedas ser feliz», no estoy diciendo eso. Si esa es tu motivación no te sucederá nada; sigues haciendo un esfuerzo. Estarás mirando de reojo: «Ha pasado mucho tiempo desde que acepté incluso la tristeza. Estoy diciendo "soy la tristeza"; sin embargo, todavía no hay alegría». De esa forma no llegará.

La alegría no es una meta, es un derivado. Es la consecuencia natural de la unidad, de la unión. Únete con la soledad sin ningún motivo, sin un propósito determinado. No se trata de tener un motivo. En este momento estás así, en este momento esta es tu verdad. En el siguiente instante tal vez estés enfadado: acéptalo también. En el siguiente instante podrías sentirte de otra manera: acéptalo también.

Vive momento a momento, con una gran aceptación, sin crear divisiones, y estarás en el camino del autoconocimiento. Renuncia a la división: la división es el problema. Te enfrentas a ti mismo. Renuncia a esos ideales que te producen este antagonismo. Eres como eres, acéptalo con alegría, con gratitud. Y de repente sentirás armonía. Tus dos personalidades, la personalidad ideal y la real, dejarán de estar ahí luchando. Se encontrarán y se fundirán en una. En realidad, no es la tristeza la que te causa dolor. Lo que te causa dolor es la interpretación de que la tristeza está mal, y esto se convierte en un problema psicológico. La rabia no es dolorosa, la idea de que la rabia está mal es lo que crea una ansiedad psicológica. Es la interpretación, no el hecho. El hecho siempre es liberador.

Jesús dijo: «La verdad libera». Esto es de inmensa importancia. Sí, la verdad libera, pero no *tus ideas* sobre la verdad. Sé la verdad y esta te liberará. *Sé* la verdad, y encontrarás la liberación. No tienes que atraerla, no tienes que estar esperándola: sucede instantáneamente. ¿Cómo ser la verdad? Ya *eres* la verdad. Simplemente, tienes falsos ideales, que son los que te están creando problemas. Renuncia a los ideales: durante unos días sé un ser natural. Igual que los árboles, los animales y las plantas, acepta tu ser tal como es. Surgirá un gran silencio. ¿Cómo podría ser de otro modo? Si no hay interpretación, la tristeza es hermosa, tiene profundidad. Entonces, la rabia también es hermosa; está llena de vida y energía. El sexo también es hermoso porque tiene creatividad. Cuando no hay inter-

pretación todo es hermoso. Cuando todo es hermoso te re-
lajas. En esa relajación vuelves a tu raíz, y eso trae consigo
autoconocimiento. Volver a tu raíz es lo que Sócrates quería decir con «conócete a ti mismo». No es una cuestión de
conocimientos sino de transformación interna. ¿Y de qué
transformación estoy hablando? No te estoy dando un ideal
para que te parezcas a él. No te estoy diciendo que tienes
que transformarte en algo diferente de lo que eres. Simplemente, tienes que relajarte en lo que eres, sea lo que sea, y
observar lo que sucede.

¿Has oído lo que estoy diciendo? Entiéndelo: es liberador. Y entonces se escucha una gran armonía, una gran
música. La música del autoconocimiento. Tu vida comienza a cambiar. Entonces tienes una llave mágica que abre
todas las puertas.

¿Qué es la represión?

La represión es vivir una vida que no te corresponde.
La represión es hacer cosas que nunca has querido hacer.
La represión es ser la persona que no eres. La represión es
una manera de destruirte. La represión es un suicidio, muy
lento por supuesto, pero es un envenenamiento lento y
certero. La expresión es vida; la represión es suicidio.

Este es el mensaje del tantra: no vivas una vida de represión; de lo contrario, no vivirás. Vive una vida de expresión, de creatividad, de alegría. Vive de la forma que la
existencia (Dios) ha querido que vivas, vive de forma natural. Y no tengas miedo de los sacerdotes.

Hazle caso a tus instintos, hazle caso a tu cuerpo, a tu
corazón, a tu inteligencia. Confía en ti mismo, ve a donde
quiera llevarte tu espontaneidad, y no habrá pérdida. Y fluyendo espontáneamente con tu vida natural, un día te encontrarás a las puertas de lo divino.

La represión es una manera de evitar los riesgos. Por ejemplo, te han enseñado que no tienes que enfadarte, y crees que la persona que nunca se enfada deberá ser inevitablemente muy cariñosa. Te equivocas. La persona que nunca se enfada tampoco es capaz de querer. Van unidos, juntos en el mismo lote.

El hombre que ama de verdad a veces estará muy enfadado. Pero su enfado es hermoso, surge de su amor. Su energía es caliente, y no te sentirás herido por su rabia. De hecho, le agradecerás que estuviera enfadado. ¿Lo has observado? Cuando quieres a alguien y haces algo, si esta persona se enfada *mucho*, si francamente se enfada, se lo agradecerás porque te quiere tanto que puede permitirse el enfadarse contigo. ¿Por qué si no? Si no quieres afrontar el enfado, te comportas con cortesía. Cuando no quieres afrontar nada, cuando no te quieres arriesgar, sigues sonriendo. No importa.

Si tu hijo está a punto de saltar al abismo, ¿podrás resistir sin enfadarte? ¿No gritarás? ¿No estarás a punto de estallar? ¿Seguirás sonriendo? Es imposible.

Cuando amas, puedes enfadarte. Cuando amas, puedes permitírtelo. Si te amas (y esto es algo esencial en la vida; de lo contrario, te la perderás) no serás represivo, serás expresivo con todo lo que te trae la vida. Lo estarás expresando, su alegría, su tristeza, sus altos, sus bajos, sus días, sus noches.

Pero te han educado para ser falso, te han educado para que seas un hipócrita. Cuando estás enfadado sigues sonriendo con una sonrisa postiza. Cuando estás enfurecido, reprimes tu rabia. Cuando te sientes sexual, lo reprimes. Nunca eres fiel a lo que sientes.

Sucedió que...

Jorge y su hija pequeña Mati fueron a dar un paseo al parque de atracciones. En el camino se detuvieron a darse una comilona. Una vez en el parque de atracciones se acercaron a un puesto de perritos calientes y Mati dijo:

—Papi, quiero... —Jorge le interrumpió y le atiborró de palomitas.

Al llegar al puesto de los helados Mati volvió a gritar:

—Papi, quiero... —Jorge le volvió a interrumpir, pero esta vez dijo—: ¡Quiero, quiero!

—Ya sé lo que quieres, ¿un helado?

—No, papi —suplicó—, quiero vomitar.

Eso era lo que quería desde el principio. Pero, ¿quién está escuchando? La represión es no escuchar a tu propia naturaleza. La represión es un truco para destruirte.

Doce cabezas rapadas, doce macarras, entran en un *pub* con sus cazadoras Levi's y todo el equipo. Se acercan al patrón y le dicen:

—Trece jarras de cerveza, por favor.

—Pero sólo sois doce.

—Mire, queremos trece jarras de cerveza.

De modo que les sirven las cervezas y se sientan. Hay un viejo pequeñajo sentado en una esquina y el jefe de los cabezas rapadas se acerca y le dice:

—Ten, papá, esta jarra de cerveza es para ti.

El hombrecillo le dice:

—Gracias, hijo, eres generoso, gracias.

—No importa, nos gusta ayudar a los inválidos.

—Pero yo no soy un inválido.

—Lo serás si no pagas la próxima ronda.

Esto es la represión: es un truco para dejarte inválido. Es un truco para destruirte, para debilitarte. Es un truco para enfrentarte a ti mismo. Es una manera de crear un conflicto dentro de ti, y el hombre que está en conflicto consigo mismo, por supuesto, se debilita.

La sociedad ha hecho una gran jugada, ha enfrentado a todo el mundo consigo mismo. Así que estás luchando contigo mismo continuamente. No te queda energía para hacer otra cosa. ¿No has podido comprobar que te ocurre esto? Estás continuamente luchando. La sociedad te ha dividido, y eres una persona disociada: te ha vuelto un esquizofrénico y te ha confundido. Eres un barco a la deriva. No sabes quién eres, no sabes dónde vas, no sabes qué haces aquí. En primer lugar, ni siquiera sabes por qué estás aquí. Te ha confundido de verdad.

Y de esta confusión surgen los grandes líderes: Adolf Hitler, Mao Zedong, Joseph Stalin. Y de esta confusión nace el Papa del Vaticano, y de esta confusión surgen mil y una cosas. Pero *tú* eres destruido.

El tantra dice: sé expresivo. Pero recuerda, la expresión no significa irresponsabilidad. El tantra dice: sé expresivo con inteligencia y no perjudicarás a nadie. Un hombre que no se hace daño a sí mismo no puede hacerle daño a nadie. El hombre que se perjudica a sí mismo es, en cierto modo, peligroso. Si ni siquiera está enamorado de sí mismo, es peligroso; es capaz de hacerle daño a cualquiera. De hecho, lo *hará*.

Si estás triste, deprimido, lograrás que la gente que está a tu alrededor esté triste y deprimida. Cuando estás feliz te gustaría crear una sociedad feliz, porque la felicidad sólo puede existir en un mundo feliz. Si vives con alegría querrás que todo el mundo sea feliz: esto es la auténtica religión. Bendices a toda la existencia con tu propia alegría.

Me han condicionado tanto con el catolicismo que no creo tener ninguna esperanza; a pesar de todo esto, ¿me podrás ayudar?

Católico o comunista, musulmán o maoísta, jainista o judío da igual, todos son iguales. Por supuesto, los católicos condicionan a las personas de un modo más sistemático, más científico que los hindúes. Han desarrollado una gran destreza para condicionar a la gente. Pero todas las religiones lo hacen en mayor o menor medida, a su manera todas las sociedades lo hacen; todo el mundo está condicionado.

El condicionamiento empieza en el momento en que naces, desde tu primer aliento; es inevitable. Los padres te condicionan, los niños con los que juegas te condicionan, los vecinos, la escuela, la iglesia y el estado te condicionan. Conscientemente, no existe tanto condicionamiento, pero inconscientemente el niño va acumulándolo cada vez más. El niño aprende imitando.

Así que no debes preocuparte. Es una situación habitual en el mundo: todo el mundo está condicionado. Y todo el mundo tiene que salir del condicionamiento. Es complicado. No es como quitarse la ropa..., es como quitarse la piel. Es duro, arduo, porque nos hemos identificado con nuestro condicionamiento. Sólo nos conocemos como católicos, como comunistas, hindúes, musulmanes, cristianos. Y el mayor miedo a renunciar al condicionamiento es el miedo a tener una crisis de identidad...

Es difícil abandonar el condicionamiento porque es todo tu pasado, tu mente, tu ego y todo lo que eres. Pero si estás preparado, si eres valiente, si tienes agallas para seguirme es posible, no es imposible. ... Le ha ocurrido a mucha gente. Hazte parte de este acontecimiento, no seas un espectador. ¡Únete al baile!

Mi invitación es para todo el mundo, mi invitación es incondicional.

Puedes renunciar a todos los condicionamientos porque te han sido impuestos desde el exterior, y como te han sido impuestos desde el exterior se pueden eliminar desde el exterior.

No te puedo dar a Dios ni te puedo dar la verdad, ni te puedo dar tu esencia profunda, pero puedo eliminar toda la basura que te han echado encima. Y cuando se haya eliminado esa basura, Dios empezará a crecer dentro de ti. Cuando se hayan eliminado los obstáculos, el manantial de tu vida empezará a fluir, recobrarás la inocencia.

Si recobras la inocencia, recobras el paraíso; vuelves a entrar en el Jardín del Edén.

El hombre moderno sufre por el pasado; no sufre por sus pecados como te dicen los supuestos predicadores religiosos. Sufres por los pecados de hace siglos..., pero ahora este asunto ha llegado a un extremo. El hombre se cae a pedazos. Hasta ahora hemos conseguido mantenernos enteros, pero ahora las cosas están llegando a un punto que o bien el hombre tiene que cambiar totalmente y cambiar su visión de la vida o tiene que suicidarse.

Si seguís el pasado, estaréis a punto de un suicidio colectivo. Y eso es lo que están intentando vuestros líderes políticos: preparando bombas atómicas, bombas de hidrógeno y superbombas de hidrógeno, apilando bomba sobre bomba. ¡Ya tienen demasiadas! De hecho, hace apenas diez años ya eran capaces de destruir siete veces a cada hombre. Hace diez años estaban listos para destruir esta tierra siete veces, a pesar de que las personas mueren sólo una vez, no hace falta matarlas dos veces, sería innecesario. Pero por si acaso alguien sobrevive —los políticos tienen que encargarse de esto—, lo planean a la perfección. Así eran las cosas hace diez años.

Ahora os vais a sorprender: pueden destruir esta tierra

setecientas veces, ¡todas y cada una de las personas pueden morir setecientas veces! Esto es demasiado y absolutamente innecesario. Siete está bien, habrá algunos listos que no mueran. ¡Pero setecientas veces! Y, sin embargo, la carrera continúa. Incluso los países pobres se están incorporando a esta carrera, anhelan incorporarse, se mueren de hambre pero quieren bombas atómicas. ¡Se mueren de hambre pero quieren más poder para matar y destruir!

A vista de pájaro puedes ver que la tierra se está preparando para un suicidio colectivo, una destrucción total, una guerra global. Y recuerda de nuevo que esto no tiene nada que ver con el hombre moderno como tal.

El hombre moderno sólo es una víctima del pasado. Los sacerdotes siguen diciendo que hay algo que está mal en el hombre moderno y siguen alabando el pasado.

¡El hombre moderno es un resultado del pasado! Cristiano, musulmán, hindú, budista..., todas las culturas han contribuido a esta situación. Son responsables de esto. El hombre estará sentenciado a menos que estas culturas desaparezcan, a menos que abandonemos este pasado patológico y comencemos de cero a vivir en el presente, sin ideas de perfección, sin ideales, sin deberes, sin mandamientos.

El esclavo

Uno de los problemas que tiene que encarar todo ser humano es el mundo en el que ha nacido. Su ser y las intenciones del mundo no van a la par. El mundo quiere que sea útil, que sea un esclavo, que sea utilizado por los que tienen poder. Y naturalmente, el hombre está resentido por esto. Quiere ser él mismo. El mundo no le permite a nadie ser lo que se supone que es por naturaleza. El mundo intenta amoldar a todas las personas a su conveniencia: útil, eficiente, obediente, pero nunca rebelde ni afirmándose, ni declarando su propia individualidad, sino siendo servil, casi como un robot. El mundo no quiere que seáis seres humanos, quiere que seáis máquinas eficientes. Cuanto más eficientes sois, más respetables, más honorables. Y esto es el origen del problema.

Nadie nace para ser una máquina. Es una humillación, una degradación; es quitarle al hombre su orgullo y su dignidad, destruirlo como ser espiritual y reducirlo a una entidad mecánica. En consecuencia, todos los niños empiezan a cerrarse desde el principio, cuando se dan cuenta de las intenciones de la sociedad, de los padres, de la familia, del sistema educativo, de la nación y de la religión. Se empiezan a volver defensivos a consecuencia del miedo, porque se tienen que enfrentar a una fuerza tremenda. Son tan pequeños y frágiles, tan vulnerables, tan indefensos, tan dependientes de las mismas personas de las que se tienen que defender...

El problema se complica más aún porque el niño se tiene que defender de las personas que creen que le quieren. Y probablemente no estén mintiendo. Las intenciones son buenas pero carecen de conciencia; están totalmente dormidos. No saben que son marionetas en manos de una fuerza ciega que se llama sociedad, todas las instituciones y los intereses creados juntos.

El niño se enfrenta a un dilema. Tiene que luchar contra los que ama, y además cree que le aman. Pero lo curioso es que la gente que le quiere, no le quiere tal como es. Le dicen: «Te queremos, sí, te queremos, pero sólo si sigues nuestro camino, si sigues nuestra religión, si te vuelves obediente como nosotros».

Si te vuelves parte de este extenso mecanismo, donde vas a vivir el resto de tu vida..., no tendrá sentido luchar contra él porque te aplastará. Es más sensato rendirse y aprender a decir sí, te guste o no. Reprime tu no. Se espera que digas sí a todo en cualquier condición, en todas las situaciones. El «no» está prohibido. «No» es el pecado original. La desobediencia es el pecado original, y después la sociedad se toma la revancha con creces. Esto provoca un gran miedo en el niño. Todo su ser quiere afirmar su potencial. Quiere ser él mismo porque si no fuera por esto, la vida no tendría sentido. A menos que lo haga no será feliz, no estará alegre, satisfecho, contento. No se sentirá cómodo, siempre estará dividido. Habrá una parte de su ser, la más intrínseca, que siempre estará hambrienta, sedienta, frustrada, incompleta. Pero estas fuerzas son enormes y es muy arriesgado luchar contra ellas.

Naturalmente, poco a poco, todo niño aprende a defenderse, a protegerse. Cierra todas las puertas de su ser. No se expone a nadie, empieza a fingir. Comienza a ser un actor. Actúa según las órdenes que le dan. Si surgen dudas, las reprime. Si su naturaleza se quiere afirmar, se reprime. Si su inteligencia le dice: «No está bien, ¿qué estás haciendo?», renuncia a ser inteligente. Es más prudente ser un retrasado, no ser inteligente. Cualquier cosa que te enfrente a los intereses creados es peligrosa. Y es arriesgado abrirte, incluso a las personas más próximas. Por eso todo el mundo se ha cerrado. Nadie abre los pétalos sin miedo, como una flor, danzando al viento y bajo la lluvia, bajo el sol..., tan frágil pero sin miedo.

Estamos viviendo con los pétalos cerrados, con miedo de hacernos vulnerables si los abrimos. De modo que todo el mundo usa escudos de todo tipo, te escudas incluso detrás de la amistad. Parecerá contradictorio, porque la amistad significa estar abierto el uno al otro, compartir vuestros secretos, compartir vuestros corazones. Todo el mundo vive lleno de contradicciones. La gente utiliza la amistad, el amor y la oración para escudarse. Cuando quieren llorar, no pueden; sonríen, porque la sonrisa es un escudo. Cuando no quieren llorar, lloran, porque en determinadas ocasiones las lágrimas pueden actuar de escudo. Nuestra risa sólo es un movimiento con los labios, y tras ella escondemos la verdad: nuestras lágrimas.

Toda la sociedad se ha desarrollado en torno a una idea que básicamente es hipócrita. Tienes que ser lo que los demás quieren que seas, no lo que eres. Por eso todo se vuelve falso, ficticio. Mantienes la distancia incluso en la amistad. Permites a los demás que se acerquen sólo hasta un cierto punto. Si alguien se acerca demasiado quizá pueda ver detrás de tu máscara. O quizá se dé cuenta de que no es tu cara sino sólo una máscara, y tu cara está detrás. En el mundo que hemos estado viviendo hasta ahora todas las personas han sido mentirosas y falsas.

Mi visión del nuevo hombre es la de un rebelde, la de un hombre que está buscando su ser original, su rostro original. Un hombre que está preparado para renunciar a todas las máscaras, todas las pretensiones, todas las hipocresías, y mostrarle al mundo quién es en realidad. No importa que te amen o te critiquen, te respeten, te honren o te difamen, que te coronen o te crucifiquen; porque la mayor bendición que hay en la existencia es ser tú mismo. Aunque te crucifiquen, tú seguirás estando satisfecho e inmensamente complacido.

Un hombre de verdad, un hombre sincero, un hombre que conoce el amor y la compasión y que comprende que la gente está ciega, inconsciente, dormida, espiritualmente dormida... Hacen las cosas medio dormidos. Has estado condicionado durante tanto tiempo, tantos años, toda tu vida, que deshacerte del condicionamiento también te llevará un tiempo. Te han cargado con toda clase de ideas falsas, mentiras. Te llevará un tiempo renunciar a ellas, reconocer que son falsas y ficticias. En realidad, en cuanto te das cuenta de que algo es falso no es difícil renunciar a ello. Cuando reconoces lo falso como falso se cae por su propio peso. Basta simplemente con reconocerlo. Se rompe tu conexión, tu identidad. Y cuando desaparece lo falso, aparece lo verdadero con toda su novedad, toda su belleza, porque la sinceridad es belleza, la honestidad es belleza, la autenticidad es belleza. Simplemente ser tú mismo es ser bello.

Tu consciencia, entendimiento y valentía de que estás decidido a encontrarte y tu compromiso con esto disolverá todos los rostros falsos que te han sido adjudicados por los demás. Ellos también son inconscientes (tus padres, tus profesores), no te enfades con ellos. También son víctimas como tú. Sus padres, los profesores y los sacerdotes han corrompido sus mentes; tus padres y tus profesores te han corrompido a ti. Nunca se te ha ocurrido pensar que fuese incorrecto lo que te enseñaban tus padres (que te quieren), tus profesores o tus sacerdotes. Pero es incorrecto y ha creado un mundo incorrecto. Es totalmente incorrecto. Y la prueba se extiende a lo largo de toda la historia: las guerras, los crímenes, las violaciones...

Millones de personas han sido asesinadas, degolladas y quemadas vivas en nombre de la religión, en nombre de Dios, de la libertad, de la democracia, en nombre del comunismo; bellos nombres. Pero lo que sucedió al amparo de esos bellos nombres es tan desagradable que un día el hombre mirará a la historia como si fuese la historia de la locura, no la de una humanidad sana.

Las religiones han censurado la vida de todas las formas posibles; ¿qué puede hacer un niño si todo el mundo censura la vida? El mundo está lleno de censores. Toda esta censura le impresiona. Fíjate simplemente en la historia del origen del mundo. Dios le dijo a Adán y Eva: «No comáis del árbol del conocimiento, y no comáis del árbol de la vida». Les prohibió comer de dos árboles. Son las dos cosas más importantes de la vida: la sabiduría y la vida; y Dios les niega las dos. Puedes comer todo tipo de hierbas y todo lo que quieras. Él no te está diciendo: «No tomes marihuana, no bebas alcohol». No, eso no le interesa. Adán y Eva pueden fumar hierba, está permitido; pueden hacer vino con las uvas, está permitido. Sólo hay dos cosas que no están permitidas: no deben volverse conocedores, deberán permanecer ignorantes; y no deben vivir sino que deben seguir posponiendo la vida. Y como desobedecieron y comieron del árbol del conocimiento... No tuvieron tiempo de comer los frutos del segundo árbol, fueron sorprendidos. Después de comer del árbol del conocimiento se dirigieron rápidamente hacia el árbol de la vida pero se lo impidieron inmediatamente. Es natural que todo el que está despierto, consciente (estas son las cualidades de la sabiduría), quiera antes que nada profundizar en la vida, saborearla al máximo, conectarse con su centro, sumergirse en el misterio de la vida.

La historia no lo cuenta, pero la historia está incompleta. Os digo que después de comer del árbol del conocimiento (y es totalmente lógico) se dirigieron inmediatamente hacia el árbol de la vida. Y por eso a Dios le resultó tan fácil sorprenderlos; por otra parte, en el Jardín del Edén había millones de árboles y ¿dónde los podía encontrar? Le habría costado una eternidad: en vez de ser el hombre que busca a Dios, sería Dios que todavía estaría buscando al hombre.

Pero aunque la historia no lo cuente, me imagino lo que debe haber sucedido. Dios, sabiendo que habían comido del árbol del conocimiento, fue inmediatamente a esperarles al árbol de la vida porque sabía que irían allí. Es simple lógica, no necesitas ser Aristóteles. E inevitablemente fueron sorprendidos allí. Estaban los dos corriendo desnudos, regocijándose porque por primera vez habían abierto los ojos. Por primera vez eran seres humanos; hasta entonces sólo habían sido un animal más entre los animales... y Dios les expulsó del Jardín del Edén. Desde entonces, el hombre ha estado anhelando la vida, más vida. Los sacerdotes que representan al Dios que te expulsó del Jardín del Edén —los papas, los imanes, los shankaracharyas[1], los rabinos—, todos ellos representan siempre al mismo personaje.

Pero, curiosamente, nadie te dice que este personaje fue tu primer enemigo. Todo lo contrario, dicen que quien persuadió a Eva fue la serpiente: «Eres tonta por no comer del árbol del conocimiento. Dios está celoso; tiene miedo de que te vuelvas sabia si comes del árbol de la sabiduría. Tiene miedo de que te vuelvas como él si comes del árbol de la vida. Y entonces, ¿quién le va a alabar? Tiene celos, tiene miedo, por eso te lo ha impedido».

La serpiente fue la primera amiga de la humanidad, pero es maldecida. Al amigo se le llama demonio, y al ene-

---

1. Sumo sacerdote de la religión hinduista. *(N. de los T.)*

migo se le llama Dios. ¡El comportamiento del pensamiento humano es extraño! Deberías dar *gracias* a la serpiente. Gracias a ella te has convertido en lo que eres. Al haber desobedecido a Dios has alcanzado cierta dignidad, el orgullo de ser humano, cierta integridad, cierta individualidad.

En vez de dar gracias a Dios, cambia la frase. En vez de decir «¡gracias a Dios!», di «¡gracias a la serpiente!». Sólo lo hizo por cortesía...; de lo contrario, ¿por qué había de molestarse por ti? Debe haber sido muy compasiva.

La desobediencia es la base del verdadero hombre religioso; la desobediencia a todos los sacerdotes, los políticos y los intereses creados. Sólo entonces podrás deshacerte de los condicionamientos. Y cuando ya no estés condicionado, no te preguntarás cuál es el objetivo de la vida. Tu pregunta dará un giro. Te preguntarás: «¿Cómo puedo vivir con más totalidad? ¿Cómo puedo sumergirme totalmente en la vida?». Porque la vida es la finalidad de todo; de modo que no puede haber una finalidad para la vida. Pero sufres por la privación, y aparte de la muerte parece no haber nada más; la vida se te escapa de entre las manos y la muerte está cada vez más cerca. Tu vida no es más que una muerte lenta.

¿Y quién te ha hecho esto? Todos tus «benefactores», tus bienhechores, tus profetas, tus mesías, tus encarnaciones de Dios. Estas son las personas que han convertido tu vida en una muerte lenta, y han sido muy inteligentes al hacerlo. Han utilizado una estrategia muy simple: dicen que tu vida es un castigo.

Los católicos dicen que naces con el pecado original. Entonces, ¿cómo puedes estar vivo?, sólo eres un pecador. Por tanto, la única manera de tener una vida verdadera es detener esta vida que sólo es pecado. ¿Quiénes son vuestros santos? Vuestros santos son personas que viven bajo mínimos; cuanto menos viven, más grandes son. Todos vuestros sabios viven en una pesadilla, y están predicando para que les sigáis. Su esfuerzo consiste en truncar vuestra vida en todo lo posible. Se censura la vida, el sexo, el deseo de vivir con comodidad. Se censura disfrutar de cualquier cosa. Esto es truncar la vida. Te la van quitando poco a poco.

Te sorprenderás si te fijas en la historia de los monasterios católicos, jainistas, budistas o hindúes: es increíble que en nombre de la religión se haya tratado al ser humano de una forma tan inhumana. Todo tipo de estupideces...

El político se ve favorecido cuando estás menos vivo, porque entonces eres menos rebelde, más obediente, más convencional, más tradicional..., ya no eres un peligro. Al sacerdote también le favorece que estés menos vivo por los mismos motivos. Si estás realmente vivo serás un peligro para todo el mundo, para todos los que te intentan explotar, los parásitos. Lucharás con dientes y uñas. Preferirías morirte antes que vivir como un esclavo, porque para una persona completamente viva incluso la muerte no es una muerte, sino la culminación de la vida. Sigue viviendo intensa y totalmente incluso en el momento de su muerte. No tiene miedo a la muerte, no le tiene miedo a nada.

Esto hace que los poderes establecidos tengan miedo de las personas vivas. Han encontrado una estrategia muy sutil que consiste en otorgarle una finalidad a tu vida: esta finalidad es que seas alguien.

Tú ya eres lo que la existencia quiere que seas. No tienes que convertirte en alguien.

Pero continúan diciéndote que tienes que convertirte en un Jesucristo. ¿Por qué? Si Jesucristo no se tuvo que convertir en mí, ¿por qué me tengo que convertir yo en Jesucristo? Jesucristo debería ser Jesucristo, yo debería ser yo. ¿Qué están haciendo los católicos? Intentan imitar a Jesucristo, intentan, de algún modo, convertirse en él. Los hinduistas intentan ser Krisna; los budistas intentan ser Buda. ¡Qué extraño! Nadie se ocupa de sí mismo; todo el mundo quiere ser otra persona. Eso trunca tu vida completamente. Por eso digo que la vida no tiene ninguna finalidad porque es una finalidad en sí misma.

Olvídate de todas las finalidades. Olvídate incluso de la idea de futuro.

Olvida completamente que vaya a haber un mañana. Retírate de todas las dimensiones y direcciones. Concéntrate aquí y ahora, y en ese instante podrás conocer la vida en su eternidad.

El hijo

Todos los padres tienen expectativas y, a través de ellas, destruyen a sus hijos. Tienes que liberarte de tus padres, del mismo modo que llega un día en el que el niño tiene que salir del vientre de la madre; de lo contrario, el vientre sería su muerte. Después de nueve meses, el niño tiene que salir del vientre, tiene que dejar a la madre. Por mucho que le duela y a pesar de que la madre se sienta vacía, el niño tiene que salir. Más adelante, en otra época de su vida, el niño tendrá que liberarse de las expectativas de los padres. Entonces, por primera vez, se volverá un ser por derecho propio, por cuenta propia. Entonces se valdrá por sí mismo. Será libre de verdad. Si los padres están despiertos, si son más comprensivos, ayudarán a sus hijos a que sean lo más libres posible, lo antes posible. No les condicionarán para que sean útiles; les ayudarán a ser amorosos.

Hay un mundo totalmente nuevo que está esperando a nacer, en el que la gente estará trabajando... El carpintero trabajará porque ama la madera. El profesor estará enseñando en la escuela porque le gusta enseñar. El zapatero seguirá haciendo zapatos porque le gusta hacer zapatos. Actualmente está sucediendo algo muy confuso. El zapatero hace de cirujano; el cirujano hace de zapatero. Ambos están enfadados. El carpintero hace de político; el político hace de carpintero. Ambos están enfadados. Toda la vida parece estar profundamente enfadada. Fíjate en la gente, todos parecen estar enfadados. Todo el mundo parece estar donde no le corresponde. Todos parecen unos inadaptados. Todo el mundo parece estar insatisfecho a causa del concepto de utilidad; no hace más que obsesionarles.

He oído contar una historia muy hermosa:

La señora Jiménez, que acababa de llegar al cielo, se dirigió tímidamente al ángel que hacía las inscripciones.

—Dígame, ¿sería posible tener una entrevista con alguien aquí en el cielo?

El ángel del registro le contestó:

—Por supuesto, suponiendo que esa persona esté en el cielo.

—Estoy segura de que está aquí —dijo la señora Jiménez—; en realidad, quiero ver a la Virgen María.

El ángel que hacía las inscripciones carraspeó:

—Ah, sí. Da la casualidad que está en otra sección, pero si insiste, entregaré su solicitud. Es una señora muy amable y tal vez quiera visitar su antiguo barrio.

Se presentó la solicitud y la Virgen estuvo muy atenta. No pasó mucho tiempo antes de que la señora Jiménez recibiera la visita de la Virgen. La señora Jiménez contempló durante un largo rato la figura radiante que tenía delante suyo y finalmente dijo:

—Por favor, perdone mi curiosidad, pero siempre le he querido hacer esta pregunta: ¿qué se siente al tener un hijo tan maravilloso que desde que nació ha sido alabado por cientos de millones de personas como si fuera un dios?

La Virgen respondió:

—Francamente, señora Jiménez, a nosotros nos habría gustado que fuese médico.

Los padres siempre tienen alguna expectativa, y esa expectativa se vuelve venenosa. Dejadme que os diga algo: amad a vuestros hijos pero nunca pongáis vuestras expectativas en ellos. Amad a vuestros hijos todo lo que podáis, y dadles la sensación de que los queréis por lo que son, y no por lo útiles que puedan ser. Amadles enormemente y dadles la sensación de que los aceptáis como son. Ellos no tienen que satisfacer ninguna exigencia. El amor que les dais no tiene que ser diferente según hagan esto o aquello. El amor es incondicional. Y entonces se podrá crear un mundo totalmente distinto. Las personas se dedicarán naturalmente a las cosas que les gustan. Las personas se moverán naturalmente en la dirección que instintivamente sienten que fluyen.

A menos que estés satisfecho, a menos que hayas encontrado algo que no sea sólo una profesión sino algo parecido a una vocación, una llamada, nunca podrás sentirte feliz con tus padres, porque son la causa de que estés en este mundo miserable. No podrás sentirte agradecido, no tendrás ningún motivo para ello. Cuando estés satisfecho, te sentirás enormemente agradecido. Y tu satisfacción sólo será posible siempre que no te conviertas en un objeto. Tu destino es convertirte en una persona. Tu destino es convertirte en un valor intrínseco. Tu destino es ser un fin en ti mismo.

¿No deberíamos ser lo más cariñosos que podamos?

El padre insiste: «Quiéreme, soy tu padre», y el niño tiene que fingir que le quiere. El hijo ni siquiera tiene necesidad de querer a su madre. Una de las leyes de la naturaleza es que la madre quiere a su hijo por un instinto natural, pero no viceversa, el hijo no tiene un instinto natural de amor hacia la madre. *Necesita* a su madre, pero eso es otra cosa; la utiliza, pero eso es otra cosa, no hay ninguna ley de la naturaleza por la que tenga que querer a su madre. Le gusta porque le ayuda, es muy útil; sin ella no podría existir. De modo que le está agradecido, le tiene respeto, todas estas cosas están bien, pero el amor es un fenómeno totalmente distinto.

Al amor fluye partiendo de la madre hacia el hijo y no al revés. Esto es muy sencillo porque el amor del hijo fluirá hacia sus propios hijos, no puede ir a la inversa, del mismo modo que el Ganges fluye hacia el mar y no hacia su origen. La madre es el origen y el amor fluye hacia la nueva generación. Invertir el sentido es un acto forzado, no es natural, no es biológico.

Pero el hijo tiene que fingir porque la madre le dice: «Soy tu madre, ¡tienes que quererme!». ¿Qué puede hacer el hijo? Sólo puede fingir, de modo que se convierte en un político. Cada niño se convierte en un político desde que está en la cuna. Empieza a sonreír cuando su madre entra en la habitación, ¡igual que Jimmy Carter! No siente alegría pero tiene que sonreír. Tiene que abrir la boca y ejercitar los labios, le ayuda, es una medida de supervivencia. Pero el amor se vuelve falso. Y cuando has aprendido esta clase de amor barato, artificial, es muy difícil descubrir el original, el verdadero, el auténtico. Después tiene que querer a sus hermanos y hermanas, sin saber realmente por qué. En realidad, ¿quién es el que quiere a su hermana y para qué? Todas estas ideas se han implantado para mantener unida a la familia. Pero todo este proceso de falsificación te lleva hasta un punto en el que cuando te enamoras, ese amor también es falso.

Te has olvidado de lo que es realmente el amor. Te enamoras del color del pelo, pero ¿qué tiene eso que ver con el amor? Cuando hayan pasado dos días ya no te fijarás en el color del pelo. O te enamoras de un determinado tipo de nariz o de unos determinados ojos, pero tras la luna de miel ¡todas estas cosas te aburren! Y entonces tienes que arreglártelas de alguna manera para fingir, engañar. Tu espontaneidad ha sido corrompida y envenenada; de lo contrario, tu amor no se haría pedazos. Pero sólo te enamoras de las partes. Si alguien te pregunta: «¿Por qué quieres a esta mujer o a este hombre?», tu respuesta será «porque es muy bella», o «por su nariz, sus ojos, la proporción de su cuerpo, esto y lo otro...». ¡Todo esto es un disparate! Este amor no puede ser muy profundo ni tener mucho valor. No se puede convertir en una amistad íntima. No durará toda la vida; pronto se secará porque es muy superficial. No ha nacido del corazón, es un fenómeno mental. Quizá te guste porque se parece a una actriz, pero gustar no es amar. El amor es un fenómeno totalmente distinto, indefinible, misterioso; tan misterioso que Jesús dijo: «Dios es amor». Convierte a Dios y al amor en sinónimos, en indefinibles. Pero el amor natural se ha perdido.

Me has preguntado: «¿No deberíamos ser lo más cariñosos que podamos?». ¿Te parece que se trata de hacer algo lo mejor que puedas? No es cuestión de hacer. Es un fenómeno del corazón. Es un modo de trascender el cuerpo y la mente. No es prosa, es poesía. No es matemáticas, es música. No puedes hacerlo, sólo puedes *serlo*. El amor no es algo que haces, es lo que eres. Pero estas obligaciones pesan sobre tu espontaneidad. El amor nunca es un deber, no puede ser impuesto. No te puedes obligar a amar todo lo que puedas. Esto es lo que hace la gente y por eso hay tan poco amor en el mundo.

¿Cómo puedo amar a mi madre?

Deberás amar a tu madre de un modo totalmente distinto. No es tu novia, y no podrá serlo. Si estás demasiado apegado a tu madre no serás capaz de encontrar una novia. Y en el fondo estarás muy enfadado con tu madre, porque por su culpa no puedes acercarte a otra mujer. De modo que alejarse de los padres forma parte del crecimiento. Es exactamente igual que cuando estás dentro del vientre y tienes que salir de él. Dejaste a tu madre, en cierto modo..., en cierto modo la traicionaste. Pero si dentro del vientre el niño piensa que esto será una traición, «cómo voy a abandonar a mi madre si me ha dado la vida», entonces se matará y matará también a su madre. *Tiene* que salir del vientre.

Primero está totalmente unido a la madre; después hay que cortar el cordón. Empieza a respirar por su cuenta, esto es el principio de su desarrollo. Se vuelve un individuo, empieza a funcionar separadamente. Durante muchos años seguirá siendo dependiente. Dependerá de su madre para la leche, el alimento, la protección, al amor; está indefenso. Pero a medida que va teniendo más fuerza se empezará a alejar cada vez más. Entonces se acabará la leche y tendrá que empezar a depender de otros alimentos. Así se aleja todavía más.

Más tarde tendrá que ir al colegio, tendrá que tener amigos. Y cuando sea un hombre joven se enamorará de una mujer, y en cierto modo se olvidará de su madre completamente porque esta nueva mujer le colma, le subyuga. Si esto no sucede es que algo no funciona. Si tu madre trata de aferrarse a ti, entonces no está cumpliendo con su obligación de madre. Es una obligación muy delicada. Una madre tiene que ayudarte a que te vayas, eso es lo difícil. Una madre tiene que hacerte fuerte para que puedas alejarte de ella. Ese es su amor. Entonces estará cumpliendo con su obligación. Si te aferras a tu madre, entonces tú también le estarás haciendo daño. Es ir en contra de la naturaleza. Es como si un río empezase a fluir contracorriente..., entonces todo estará patas arriba.

Tu madre es tu origen. Si empiezas a fluir hacia tu madre estarás yendo contracorriente. El río tiene que fluir desde el origen hacia el mar. Pero eso no significa que no quieras a tu madre.

Recuerda que el amor hacia tu madre debe ser más parecido al respeto y menos parecido al amor. El amor hacia tu madre tiene que tener la característica de la gratitud, del respeto, un respeto profundo. Te ha dado a luz, te ha traído al mundo. Tu amor hacia ella debe ser muy devoto. Por tanto, haz todo lo que puedas para servirle. Pero no hagas que tu amor sea como el amor hacia tu amada; si no, estarás confundiendo a tu madre con tu amada. Y si se confunde la finalidad te confundirás *tú*. Así que ten en cuenta que tu destino es encontrar una novia, a otra mujer, no a tu madre. Entonces, por primera vez serás totalmente maduro, porque encontrar otra mujer significa que ahora estás completamente separado de tu madre; ya se ha cortado el último cordón.

Por eso siempre existe un ligero antagonismo entre la madre y la mujer de su hijo; hay un ligero antagonismo en cualquier parte del mundo. Tiene que ser así, porque de alguna manera la madre siente que esta mujer le ha quitado a su hijo. Y en cierto sentido, es natural. Es natural pero es ignorancia. La madre debería sentirse feliz de que su hijo haya encontrado otra mujer. Ahora su hijo ya no es un niño; se ha vuelto una persona madura, adulta. Debería sentirse feliz, ¿no?

De modo que sólo podrás ser una persona madura de una manera: si te separas de tu madre. Y esto es así a muchos niveles del ser. Llega un día en que el hijo se tiene que sublevar contra su padre, no sin respeto sino con un profundo respeto. Pero se tiene que sublevar. Aquí es donde hay que ser cuidadoso: hay revolución, hay rebelión, pero con un profundo respeto. Si no hay respeto es horrible, entonces la rebelión no será hermosa. Te estarás perdiendo algo. Rebélate, sé libre, pero sé respetuoso porque el padre y la madre son el origen.

Por consiguiente, hay que separarse de los padres. No sólo separarse sino que, muchas veces y de muchas maneras, hay que enfrentarse. Pero no se tendría que transformar en un enfado. No debería ser desagradable sino que debería seguir siendo hermoso, respetuoso. Si te marchas, vete, pero póstrate a los pies de tu padre y de tu madre. Diles que te tienes que ir..., llora. Pero diles que eres impotente, que *tienes* que irte. El desafío te llama, tienes que marcharte. Uno llora al irse de casa, mira hacia atrás una y otra vez con los ojos llenos de añoranza, de nostalgia. El pasado fue hermoso. Pero ¿qué puedes hacer?

Si te aferras a tu casa serás un inválido. Seguirás siendo un inmaduro. Nunca serás un hombre por derecho propio. Por eso te digo que te vayas con respeto. Debes estar a su servicio siempre que lo necesiten, estar a su disposición. Pero no confundas a tu madre con tu amada; es tu madre.

El robot

¿Por qué dicen los sufíes que el hombre es una máquina?

Porque el hombre *es* una máquina, por eso. El hombre tal como es, es totalmente inconsciente. No es más que sus hábitos, la suma total de sus hábitos.

El hombre es un robot. El hombre todavía no es un hombre. A menos que la consciencia penetre en tu ser, seguirás siendo una máquina.

Por eso dicen los sufíes que el hombre es una máquina. George Gurdjieff[1] tomó de los sufíes la idea de que el hombre es una máquina y la introdujo en Occidente. Él fue el primero en decir que el hombre era una máquina. Esto escandalizó a mucha gente, pero estaba diciendo la verdad.

Es muy raro que seas consciente. En setenta años de vida, si vives lo que se considera una vida corriente, no tendrás más de siete instantes de consciencia.

Y estos siete instantes o menos serán por casualidad. Por ejemplo, tendrás un momento de consciencia cuando alguien te ponga de repente una pistola en el corazón. En ese momento se detiene tu pensamiento, tu pensamiento habitual. Durante un instante eres consciente, es tan peli-

---

1. Místico del siglo XX procedente del Cáucaso. *(N. de los T.)*

groso que no puedes seguir dormido como de costumbre.

Cuando hay una situación de peligro te vuelves consciente. De lo contrario, estás profundamente dormido. Eres un experto en hacer las cosas mecánicamente.

Simplemente, siéntate al lado de la carretera y observa a la gente, te darás cuenta de que todo el mundo va medio dormido. Andan en sueños, son sonámbulos.

Y tú también.

Dos vagabundos fueron arrestados y acusados de un asesinato que se había cometido en el barrio. El jurado les declaró culpables y el juez les sentenció a ser colgados del cuello hasta morir, y que Dios se apiade de sus almas.

Los dos aguantaron bastante bien hasta que llegó la mañana en la que se había fijado la ejecución. Mientras les preparaban para la horca, uno se volvió hacia el otro y le dijo:

—Maldita sea, he perdido la cabeza. No puedo coordinar las ideas. Ni siquiera sé en qué día de la semana estamos.

—Hoy es lunes —dijo el otro vagabundo.

—¿Lunes? Dios mío, ¡vaya forma de empezar la semana!

Simplemente, obsérvate. Incluso hasta en el momento de la muerte, la gente sigue repitiendo viejos patrones de comportamiento. Ya no va a haber más semanas; ha llegado el día en que van a ser ejecutados. Pero es la vieja costumbre, alguien dice que es lunes y tú responses: «¿Lunes? ¡Dios mío, qué forma más desagradable de empezar la semana!».

El hombre reacciona. Por eso los sufíes dicen que el hombre es una máquina.

A menos que empieces a responder, a menos que te

vuelvas responsable... La reacción surge del pasado, la respuesta surge del momento presente. La respuesta es espontánea, la reacción no es más que un viejo hábito.

Simplemente, obsérvate. Tu mujer te dice algo: entonces, digas lo que digas, observa, reflexiona sobre ello. ¿Se trata de una reacción? Y te sorprenderás: el 99 por 100 de tus actos no son actos, porque no son respuestas, sólo son actos mecánicos. Sólo son mecánicos.

Está sucediendo continuamente: tú dices lo mismo y tu mujer reacciona de la misma manera; entonces tú reaccionas, y siempre acaba de la misma forma. Tú lo sabes, tu mujer lo sabe, todo es totalmente predecible.

He oído esta historia:

—Papi —dijo un niño de diez años—, ¿cómo empiezan las guerras?

—Bueno, hijo —dijo el padre—, supongamos que América se pelea con Inglaterra...

—América no está peleada con Inglaterra —interrumpió la madre.

—¿Y quién ha dicho que lo estuviera? —contestó papi visiblemente irritado—. Le estoy contando al niño un caso hipotético.

—¡Ridículo! —dijo la madre con un bufido—. Le estás metiendo en la cabeza al niño toda clase de ideas equivocadas.

—¡Nada de ridículo! —replicó el padre—. Si te hace caso a ti nunca tendrá ninguna idea en la cabeza.

Justo cuando iban a empezar a tirarse los platos a la cabeza, el hijo volvió a decir:

—Gracias, mami; gracias, papi. Ya no tendré que volver a preguntar cómo empiezan las guerras.

Simplemente, obsérvate: las cosas que haces, que has hecho tantas veces. Tu forma de reaccionar, cómo has reaccionado siempre. En la misma situación siempre haces lo mismo. Estás nervioso y sacas un cigarrillo y te lo fumas. Esto es una reacción; siempre que estás nervioso lo haces.

Eres una máquina. Estás programado: estás nervioso, metes la mano en el bolsillo, sacas el paquete. Es casi como funciona una máquina. Sacas el cigarrillo, te lo pones en la boca, lo enciendes, y todo esto sucede mecánicamente. Lo has hecho millones de veces y lo vuelves a hacer.

Y cada vez que lo haces se refuerza; la máquina se vuelve más mecánica, más experta. Cuantas más veces lo haces menos consciente necesitas estar.

Por eso los sufíes dicen que el hombre funciona como una máquina. A menos que empieces a destruir los hábitos mecánicos... Por ejemplo, haz lo contrario de lo que siempre has hecho.

Inténtalo. Llegas a casa, tienes miedo, llegas más tarde que nunca y tu mujer estará lista para discutir contigo. Estás planeando qué decir, qué hacer..., que había mucho trabajo en la oficina, esto y lo de más allá. Y ella sabe lo que estás planeando; si te pregunta por qué has llegado tarde sabe qué le contestarás. Y tú sabes que tampoco te va a creer si le dices que has llegado tarde porque había mucho trabajo. Nunca se lo ha creído. Probablemente, ya lo habrá comprobado; habrá llamado a la oficina y habrá preguntado por ti. Pero a pesar de todo, esto es solamente un patrón.

Hoy vete a casa y compórtate de un modo completamente distinto. Tu mujer te pregunta. «¿Dónde has estado?». Y tú le contestas: «He estado haciendo el amor con una mujer». Fíjate en lo que ocurre después. ¡Ella se quedará paralizada! No sabrá qué decir, ni siquiera encontrará palabras para expresarlo. Durante unos instantes estará totalmente perdida, porque no puede aplicar ninguna reacción, ningún viejo patrón.

O tal vez, si ya se ha convertido en una máquina, te

conteste: «No te creo». Nunca te ha creído. «¡Estás bromean-do!». Siempre llegas a casa...

He oído que un psicoanalista le dijo a un paciente:
—Hoy, cuando vuelvas a casa...
Porque el paciente no hacía más que quejarse:
—Siempre tengo miedo de volver a casa. Mi mujer parece tan desgraciada, tan triste, tan desesperada que me siento abatido. Quiero salir corriendo de casa.
El psicólogo le contestó:
—Quizá seas tú la causa de esto. Haz una cosa: hoy llévale a tu mujer unas flores, helado y bombones, y cuando abra la puerta, abrázala y dale un gran beso. Y a continuación empieza a ayudarla: limpia la mesa, los cacharros, el suelo. Haz algo totalmente nuevo que no hayas hecho nunca antes.
Al hombre le atrajo la idea y lo intentó. Fue a casa. En cuanto su mujer abrió la puerta vio las flores, el he-lado y los bombones, y a este hombre radiante, que nunca se había reído, abrazándola, ¡no podía creer lo que estaba sucediendo! Se quedó estupefacta, no podía creer lo que estaba viendo. ¡A lo mejor es otra persona! Tuvo que volver a mirar.
Luego, cuando la besó y empezó a limpiar la mesa y se metió en la cocina a fregar los cacharros, la mujer se echó a llorar. Al salir le preguntó:
—¿Por qué lloras?
Ella le dijo:
—¿Te has vuelto loco? Siempre tuve la sospecha de que antes o después te volverías loco. Ahora ha ocurri-do. ¿Por qué no vas a ver a un psiquiatra?

Los sufíes tienen métodos como este. Dicen: actúa de un modo completamente distinto, y no sólo se sorprende-rán los demás, *tú* también te sorprenderás. Incluso en las cosas pequeñas. Por ejemplo, cuando estás nervioso, andas rápido. No andes rápido, vete muy despacio y verás. Te sorprenderás de que no concuerda, tu mente mecánica inmediatamente dirá: «¿Qué haces? ¡Esto nunca lo has hecho antes!». Y si andas despacio te sorprenderás, desaparecerá el nerviosismo porque has introducido algo nuevo.

Estos son los métodos del *vipassana* y el *zazen* (técnicas de meditación budistas). Si profundizas en ellas verás que tienen el mismo principio. Cuando caminas en *vipassana* tienes que andar más despacio que nunca antes, tan despacio que es algo completamente nuevo. Es una sensación completamente nueva y la mente reactiva no puede funcionar. No puede hacerlo porque no está programada para ello, simplemente deja de funcionar.

Por eso, cuando observas la respiración haciendo *vipassana*, te sientes tan silencioso. Siempre has estado respirando pero nunca te has parado a observarlo; es algo nuevo. Cuando te sientas en silencio y observas la respiración —cómo entra, cómo sale, cómo entra, cómo sale—, la mente se desconcierta. ¿Qué estás haciendo? Nunca lo habías hecho antes. Es tan nuevo que la mente no puede proporcionarte una reacción inmediata. Por eso se queda en silencio.

El principio es el mismo. No se trata de que sea sufí, budista, hindú o musulmán. Si profundizas en los principios de la meditación llegarás a la conclusión de que sólo hay una cuestión esencial: cómo desautomatizarte.

Gurdjieff solía hacer con sus discípulos cosas realmente insólitas. Si venía alguien que siempre había sido vegetariano, él le decía: «Come carne». Se trata del mismo principio; este hombre era muy particular, era un poco excéntrico. Decía: «Come carne». Imagínate a un vegetariano comiendo carne. Todo su cuerpo quiere expulsar la carne y vomitar, la mente está desconcertada y molesta, y comienza a transpirar porque la mente no puede soportarlo.

Esto es lo que Gurdjieff quería ver, cómo reaccionas ante una nueva situación. A las personas que nunca habían bebido alcohol, Gurdjieff les decía: «Bebe. Bebe todo lo que puedas».

Y a la persona que bebía, Gurdjieff le decía: «Deja de beber durante un mes. Déjalo completamente».

Quería crear situaciones nuevas donde la mente simplemente se queda en silencio; donde no tenga respuestas, respuestas preconcebidas. La mente funciona como si fuese un loro.

Por eso, los maestros zen a veces golpean al discípulo. Vuelve a ser el mismo principio. Pero, cuando vas a ver a un maestro no te esperas que un Buda te golpee, ¿verdad? Cuando vas a ver a un Buda vas con expectativas de que será compasivo y amoroso, que te colmará de amor y te acariciará la cabeza con su mano. Y entonces este Buda te golpea: agarra su estaca y te da un batacazo en la cabeza. Esto es incomprensible: ¿un Buda, pegándote? La mente se detiene un instante, no sabe qué hacer, no funciona.

Este no funcionar es el principio. A veces alguien se ilumina solamente porque su maestro ha hecho algo absurdo.

La gente tiene expectativas, vive a costa de ellas. No saben que los maestros no se adaptan a ningún tipo de expectativas.

India estaba acostumbrada a Krisna, Rama y gente por el estilo. Entonces, apareció Mahavira; estaba desnudo. No te podrías imaginar a Krisna desnudo, siempre iba vestido con hermosas ropas, las más hermosas. Era una de las personas más bellas que jamás haya existido; solía adornarse con joyas de oro y de diamantes.

Y de repente, apareció Mahavira. ¿Qué quería decir Mahavira con su desnudez? Escandalizó a todo el país: gracias a ese impacto ayudó a mucha gente.

Cada maestro tiene que elegir cómo va a impactar.

En India, hace siglos que no conocen a una persona

como yo. Por eso, haga lo que haga y diga lo que diga, será un escándalo. El país entero está conmocionado; un gran escalofrío recorre la columna vertebral de este país. Me divierte mucho, porque no pueden pensar...

No estoy aquí para satisfacer vuestras expectativas. Si lo hago, nunca seré capaz de transformaros. Estoy aquí para destruirlas, estoy aquí para sobresaltaros. Y vuestra mente se detendrá con esta conmoción. No podréis explicároslo: y en ese momento es cuando podrá entrar algo nuevo dentro de vosotros.

Por eso, de vez en cuando digo algo que la gente cree que no debería decir. ¿Pero quién eres tú para decidir lo que puedo decir? Y naturalmente, cuando pasa algo que va contra sus expectativas, la gente reacciona inmediatamente según su antiguo condicionamiento.

Los que reaccionan según su antiguo condicionamiento no captan el sentido. Los que no reaccionan según su antiguo condicionamiento se quedan en silencio, encuentran un nuevo espacio.

Estoy hablando a mis discípulos: estoy intentando golpearles de distintas maneras. Todo esto es deliberado. Cuando critico a Morarji Desai (un político hindú), no me refiero a él. Me refiero al Morarji Desai que hay en *ti*, porque todo el mundo lleva dentro un político. Golpeando a Morarji Desai, golpeo al Morarji Desai que hay dentro de ti, al político que hay en tu interior.

Todo el mundo tiene a un político en su interior. Un político significa el deseo de dominar, de ser el número uno. Un político significa la ambición, la mente ambiciosa. Y cuando golpeo a Morarji Desai, si te duele y empiezas a pensar «este hombre no puede estar realmente iluminado, si no, ¿por qué está pegándole tan fuerte a Morarji Desai?», entonces estás racionalizando. Tú no tienes nada que ver con Morarji Desai: estás amparando a tu propio Morarji Desai, estás intentando proteger a tu propio político.

No tengo ningún interés en Morarji Desai. ¿Cómo voy a estar interesado en el pobre Morarji Desai? Pero me dirijo al político que tienes en tu interior.

Los sufíes dicen que el hombre es una máquina porque sólo reacciona según los programas que le han inculcado. Comienza a responder y dejarás de ser una máquina. Y cuando dejas de ser una máquina eres un ser humano, entonces nace el ser humano.

Observa, estate despierto y empieza a abandonar todos tus patrones de reacción. Intenta responder a la realidad en cada momento, no según la idea preconcebida que hay en ti, sino de acuerdo a la realidad que hay en el exterior. ¡Responde a la realidad! Responde con toda tu consciencia, pero no con tu mente.

Entonces, cuando respondas con espontaneidad y no reacciones, nacerá la acción. La acción es bella, la reacción es horrible. Solamente el hombre consciente actúa, el hombre inconsciente *reacciona*. La acción libera. La reacción continúa creando cadenas y las va haciendo cada vez más gruesas, fuertes y resistentes.

Vive una vida de respuesta y no de reacción.

El maníaco sexual

El sexo es un asunto sutil, delicado, porque la palabra
«sexo» está asociada a siglos de explotación, corrupción,
ideas pervertidas y condicionamientos. Esta palabra está
totalmente cargada. Es una de las palabras más cargadas
de la existencia. Cuando dices «Dios» parece que está vacía.
Cuando dices «sexo» está demasiado cargada. Aparecen en
la mente mil y una asociaciones: miedo, perversión, atracción, un tremendo deseo y también un tremendo antideseo.
Surgen todas a la vez. Sexo: la propia palabra crea confusión, caos. Es como si alguien tirara una piedra en un es-
tanque silencioso; surgen miles de ondas, ¡sólo por la palabra «sexo»! la humanidad ha estado viviendo bajo
conceptos muy equivocados...

¿Os habéis fijado que a cierta edad el sexo se vuelve
importante? No es que le des importancia. No es algo que
tú estés haciendo; sucede. Alrededor de los catorce años, la
energía, de repente, se inunda de sexo. Es como si se abrie-
ran unas compuertas dentro de ti. Se abren fuentes sutiles
de energía que no estaban abiertas todavía, y toda tu energía se vuelve sexual, teñida de sexo. Piensas sexo, cantas
sexo, andas sexo..., todo se vuelve sexual. Todas las acciones se tiñen. Esto sucede sin que hagas nada. Es natural. La
trascendencia también es natural. Si se vive el sexo totalmente, sin censurar, sin ideas de cómo deshacerse de él,

entonces a los cuarenta y dos años (del mismo modo que a los catorce años el sexo aparece y toda la energía se vuelve sexual), alrededor de los cuarenta y dos años, las compuertas del sexo se vuelven a cerrar. Y esto es tan natural como el despertar del sexo; ahora comienza a desaparecer.

El sexo se trasciende sin ningún esfuerzo por tu parte. Si haces esfuerzos será represión, porque no tiene nada que ver contigo. Es intrínseco a tu cuerpo, a tu biología. Naces como un ser sexual; no tiene nada de malo. Es la única manera de nacer. Ser humano es ser sexual. Cuando fuiste concebido, tu padre y tu madre no estaban rezando, no estaban escuchando un sermón del sacerdote. No estaban en la iglesia, estaban haciendo el amor. Parece incluso difícil pensar que tu padre y tu madre estuviesen haciendo el amor cuando te concibieron. Estaban haciendo el amor; su energía sexual se estaba encontrando y se estaban fundiendo el uno en el otro. Entonces, fuiste concebido; fuiste concebido en un profundo acto sexual. La primera célula fue una célula sexual, y de esa célula fueron surgiendo todas las demás. Pero cada célula sigue siendo básicamente sexual. Todo tu cuerpo es sexual, hecho de células sexuales. Ahora ya son millones de células.

Recuerda: tú existes como un ser sexual. Una vez que lo aceptas, se disuelve el conflicto creado a lo largo de los siglos. En cuanto lo aceptas profundamente, sin ideas por medio, cuando piensas en el sexo como algo sencillamente natural, lo vives. No me estás preguntando cómo trascender la comida, cómo trascender la respiración; porque ninguna religión te ha enseñado a trascender la respiración, por eso. De lo contrario, estarías preguntando: «¿Cómo trascender la respiración?». ¡Tú respiras! Eres un animal que respira; también eres un animal sexual. Pero hay una diferencia. Los primeros catorce años de tu vida, al comienzo, casi no son sexuales, y como mucho existen unos rudimentos del juego sexual que realmente no son sexuales, sino una preparación, un ensayo, nada más. A los catorce años, de repente, la energía ha madurado.

Observa esto..., nace un niño e inmediatamente, a los tres segundos, el niño tiene que respirar; si no, morirá. Después la respiración seguirá estando presente a lo largo de toda su vida, porque comenzó desde el primer momento. No puede ser trascendida. Tal vez se detenga antes de morir, unos tres segundos antes, pero no antes de eso. Tenlo en cuenta siempre: los dos extremos de la vida, el principio y el fin, tienen un parecido exacto, son simétricos. El niño nace, comienza a respirar a los tres segundos. Cuando el niño sea un viejo y se esté muriendo, en cuanto se detenga la respiración, a los tres segundos de detenerse, morirá.

El sexo aparece en una etapa muy posterior: durante catorce años el niño ha vivido sin sexo. Y si la sociedad no está demasiado reprimida y, en consecuencia, obsesionada con el sexo, el niño podrá vivir ignorando que existe el sexo o algo parecido. El niño puede permanecer completamente inocente. Esa inocencia tampoco es posible porque la gente está muy reprimida. Cuando aparece la represión también aparece, codo con codo, la obsesión.

De modo que los sacerdotes siguen reprimiendo; y también hay antisacerdotes, como Hugh Hefners y algunos otros, que siguen produciendo cada vez más pornografía. Por un lado están los sacerdotes que siguen reprimiendo, y por el otro están los antisacerdotes, que hacen que la sexualidad sea cada vez más atractiva. Ambos existen simultáneamente, son dos caras de la misma moneda. Cuando desaparezcan las iglesias desaparecerá el *Playboy*, y no antes de eso. Son socios en este negocio. Parecen enemigos, pero no te dejes engañar. Hablan mal el uno del otro, pero así es como funcionan las cosas.

He oído contar una historia sobre dos hombres que estaban sin trabajo, habían quebrado, de modo que decidieron hacer un negocio, una cosa sencilla. Empezaron a viajar, desplazándose de una ciudad a otra. Primero llegaba uno de ellos por la noche y echaba alquitrán en las puertas y ventanas de las casas. Un par de días más tarde aparecía el otro hombre para limpiar. Anunciaba que podía quitar las manchas de alquitrán y de cualquier otra cosa y que podía limpiar las ventanas. En ese momento el otro hombre estaba en otro pueblo haciendo la otra mitad del negocio. Así es como empezaron a ganar mucho dinero.

Esto es lo que está ocurriendo entre la iglesia y Hugh Hefners y la gente que está continuamente produciendo pornografía.

Me contaron que:

La linda señorita Pereira estaba sentada en el confesionario.

—Padre —dijo—, tengo que confesarle que he dejado que me besara mi novio.

—¿Sólo has hecho eso? —le preguntó el cura muy interesado.

—Bueno, no. También le dejé que me pusiera la mano en la pierna.

—Y después, ¿qué?

—Después le dejé que me bajara las braguitas.

—¿Y entonces, entonces...?

—Entonces entró mi madre en la habitación.

—¡Mierda! —suspiró el cura.

Van a la par; son socios en la conspiración. Siempre que estás muy reprimido empiezas a tener una curiosidad perversa. El problema no es el sexo sino la curiosidad perversa. Este cura está neurótico. El sexo no es el problema, pero este hombre está trastornado.

Las hermanas Alicia Margarita y Francisca Catalina estaban andando por una callejuela cuando, de repente, dos hombres las agarraron, se las llevaron a un callejón y las violaron.

—Padre, perdónales —dijo la hermana Alicia Margarita—, porque no saben lo que hacen.

—¡Cállate —respondió la hermana Catalina—, este sí que sabe!

Inevitablemente, tiene que ser así. De modo que nunca te guardes en la mente ni una sola idea contra el sexo; si no, jamás serás capaz de trascenderlo. Las personas que trascienden el sexo son personas que lo aceptan con naturalidad. Es difícil, lo sé, porque habéis nacido en una sociedad que está neurótica con el sexo. En uno u otro sentido, pero neurótica. Es muy difícil salir de esta neurosis, pero si estás un poco atento, lo conseguirás. De modo que, en realidad, no se trata de cómo trascender el sexo, sino cómo trascender la ideología pervertida de la sociedad: el miedo al sexo, la represión y la obsesión con el sexo.

El sexo es hermoso. En sí mismo, el sexo es un fenómeno rítmico natural. Ocurre cuando el niño está listo para ser concebido, y menos mal que sucede, si no, no existiría la vida. La vida existe a través del sexo; el sexo es el instrumento. Si comprendes la vida, si la amas, sabrás que el sexo es bendito, es sagrado. Entonces lo vives, disfrutas de él; y desaparece con la misma naturalidad como apareció, espontáneamente. Cerca de los cuarenta y dos años, alrededor de esa edad, empieza a desaparecer tan naturalmente como se gestó. Pero no sucede así.

Os sorprenderá que diga que sucede hacia los cuarenta y dos años. Conocéis a personas con setenta y ochenta años que todavía no lo han trascendido. Ya sabéis, «los viejos verdes». Son víctimas de la sociedad. Es la resaca que queda cuando no pudieron ser naturales, porque se reprimieron en vez de divertirse y disfrutar. En los momentos de placer no estaban ahí con totalidad. No eran orgásmicos, eran indiferentes. Siempre que seas indiferente con una cosa, la arrastrarás durante más tiempo...

Esta es mi interpretación: si las personas han vivido correctamente, amorosamente, naturalmente, empezarán a trascender el sexo a los cuarenta y dos años. Si no han vivido naturalmente y han estado luchando con el sexo, los cuarenta y dos años se convertirán en la edad más peligrosa, porque cuando llegan a esta edad su energía empieza a descender. Cuando eres joven puedes reprimirte, porque tienes mucha energía. Fíjate en la paradoja del asunto: un hombre joven puede reprimir su energía sexual fácilmente porque tiene energía para reprimirla. La puede suprimir y sentarse encima de ella. Cuando la energía se va, declina, el sexo se impone y no serás capaz de controlarlo.

He oído contar una anécdota:

Suárez, que tenía sesenta y cinco años, fue a la consulta de su hijo, el doctor Suárez, y le pidió algo para aumentar su potencia sexual. El colegiado le puso una inyección y después se negó a cobrarle la consulta. No obstante, Suárez insistió en darle mil pesetas.

Al cabo de una semana, Suárez volvió a por otra inyección y esta vez le pagó dos mil pesetas.

—Pero, papá, las inyecciones sólo valen mil pesetas.

—Tómalas —dijo Suárez—, las otras mil son de mamá.

Esto continuará..., así que por favor, antes de que seas papá o mamá, liquida este asunto. No esperes a ser viejo porque entonces será horrible. Todo funcionará a destiempo.

¿Por qué me fascina tanto la pornografía?

Debe de ser tu educación religiosa, la catequesis; de lo contrario, no te interesaría la pornografía. Cuando estás en contra de la realidad, empiezas a imaginar. El día que desaparezca la educación religiosa de la tierra, morirá la pornografía. No puede morir antes. Parece paradójico. Las revistas como *Playboy* sólo existen gracias al respaldo del Vaticano. Sin el Papa no existiría la revista *Playboy*; no podría existir. No tendría motivos para existir. Los sacerdotes están detrás de todo esto.

¿Por qué debería interesarte la pornografía cuando hay gente viva a tu alrededor? Y es tan hermoso mirar a la gente viva. No estás interesado en la foto de un árbol desnudo, ¿verdad? ¡Porque todos los árboles están desnudos! Haz una cosa: tapa todos los árboles, y antes o después, verás revistas que circulan ilegalmente ¡con árboles desnudos! Y la gente las leerá, y las hojeará y disfrutará escondiéndolas dentro de la Biblia. Inténtalo y verás.

La pornografía sólo puede desaparecer cuando la gente acepte su desnudez naturalmente. No te interesa ver gatos, perros, leones o tigres desnudos en las fotos, ¡ya están desnudos! En realidad, cuando pasa a tu lado un perro, ni siquiera reparas en ello; no te das cuenta que está desnudo. En Inglaterra, me han contado que algunas mujeres cubren con ropa a sus perros. Tienen miedo que la desnudez de un perro pueda molestar a algún alma espiritual o religiosa. He oído decir que Bertrand Russell cuenta en su autobiografía que en su niñez, en la época victoriana, se cubrían incluso las patas de las sillas, porque eran *patas*.

Si el hombre puede ser natural, desaparece la pornografía. Si la gente puede estar desnuda..., no estoy diciendo que tengan que estar desnudos en el despacho; no hay que exagerar. Pero en las playas, en los ríos o cuando están tranquilos, relajados en sus casas, descansando bajo el sol en el jardín, ¡deberían estar desnudos! Permítele a los niños jugar desnudos al lado de sus padres desnudos. ¡La pornografía desaparecerá! ¿Quién va a mirar la revista *Playboy?* ¿Para qué? Se les ha privado de algo, se reprime una curiosidad natural, de ahí la pornografía...

Deshazte del cura que llevas dentro, dile adiós. De repente, verás que la pornografía desaparece. Mata al cura en tu inconsciente y verás cómo sucede un gran cambio en tu ser. Serás más íntegro.

Un representante que estaba pasando la noche en un hotel encontró una Biblia junto a su cama. En la cubierta halló escrito esto: «Si estás enfermo, lee la página cuarenta y dos. Si estás preocupado por tu familia, lee la página sesenta y ocho. Si te encuentras solo, lee la página noventa y dos».

Se encontraba solo, de modo que abrió la página noventa y dos y la leyó. Cuando terminó, se fijó que al final de la página habían escrito a mano: «Si todavía te encuentras solo, llama al 62485 y pregunta por Gloria».

A menos que medite, el hombre se volverá loco, loco por las mujeres. La meditación es más difícil para el hombre que para la mujer. Si le preguntas a una madre experimentada que haya tenido dos o tres hijos, sabrá decirte antes de dar a luz si es niño o niña, porque las niñas son más silenciosas y los niños ya juegan al fútbol. Dan patadas a diestro y siniestro.

Las chicas pueden entrar más profundamente en meditación. Por una parte pueden meditar más profundamente, y por otra su sexualidad es negativa, no es compulsiva.

Me quedé asombrado de mi experiencia al relacionarme con todo tipo de monjes y monjas, porque no hay ningún monje que sea realmente célibe; sin embargo, las monjas lo son. Pueden conseguir ser célibes; no tienen un sexo agresivo, y además la naturaleza ha previsto que cada mes salga automáticamente la energía sexual de su cuerpo, vuelven a estar limpias otro mes. Pero el hombre está en un aprieto. Su energía sexual sólo se puede mitigar con la meditación profunda. Entonces no enloquecerá.

A no ser que medites profundamente, no serás capaz de trascender tu locura sexual...

La manifestación estudiantil se había convertido en un altercado. De repente, salió de entre la multitud un hombre tambaleándose que llevaba en brazos a una chica coja.

—Deprisa —dijo un policía que corría hacia el hombre—, pásamela. La sacaré de aquí.

—¡Qué diablos —contestó el hombre—, ve y búscate una!

Incluso en un altercado, cuando está muriendo gente, la mente del hombre sigue pensando en el sexo.

El sexo es la mayor esclavitud del hombre.

Hay que hacer un gran esfuerzo meditativo para que toda tu energía sexual se empiece a mover hacia arriba en lugar de ir hacia abajo. En vez de buscar una mujer hermosa, empieza a crear dentro de ti un hombre hermoso. Antes que encontrar una mujer agraciada, es preferible que te vuelvas agraciado con tu energía.

Pero el hombre es más estúpido que la mujer. Toda la historia ha sido construida por el hombre, y ya podéis ver qué locura: no es la historia de la humanidad, sino la de la locura, las guerras, las violaciones, quemando gente viva, destrucción...

Un matrimonio llevó a su hijo pequeño al circo. Durante el número del gorila el marido tuvo que ir al lavabo. En su ausencia, el niño le dio con el codo a su madre y le preguntó:

—¿Qué es esa cosa larga que le cuelga al gorila entre las piernas?

La madre estaba muy avergonzada y dijo rápidamente:

—No es nada, cariño.

Cuando el marido regresó, la esposa salió a comprar palomitas y, en su ausencia, el niño le dio con el codo a su padre y le preguntó:

—Papá, ¿qué es esa cosa tan grande que le cuelga al gorila entre las piernas?

El padre sonrió y le dijo:

—Eso, hijo mío, es su pene.

El niño pareció confundido por unos instantes y después dijo:

—Entonces, ¿por qué mamá me ha dicho que no era nada?

—Hijo —dijo el padre orgulloso—, es que la tengo mal acostumbrada.

Cuando te diriges a nosotros, parece que la iluminación y la dicha están muy próximas, y la budeidad a un paso de distancia. Entonces, ¿por qué me comporto como un gorila gruñón cuando estoy con mi novia?

Todo el mundo se comporta como un gorila cuando está con su novia. De lo contrario, las novias se sentirían frustradas. Cuanto más te comportas como un gorila, más satisfechas se sienten. Simplemente, observa: eres tan divertido cuando te comportas como un gorila que no hay novia que se lo quisiera perder. Si te comportas como un caballero, tu novia se sentirá frustrada.

Pero la iluminación sigue estando a un paso del gorila. Da igual dónde estés, la iluminación siempre estará a la distancia constante de un paso. Salte del gorila y te iluminarás. A veces es más fácil salirse del gorila, porque ¿a quién le gusta ser un gorila? Si eres el presidente Ronald Reagan, un primer ministro o el hombre más rico de la tierra, te resultará más difícil. Para ti es más difícil salirte de ese papel, estos son los papeles que se interpretan en el escenario del teatro de la vida humana.

La iluminación es más sencilla cuando interpretas un papel que no te gusta. Lo odias con todo tu ser, pero tienes que interpretarlo para tu novia. La novia también está intentando interpretar su papel, pero sería muy difícil meter a dos gorilas en la misma cama, por eso el hombre ha conseguido que la chica sea delicada, cierre los ojos, se tumbe como una muerta para que él pueda saltar en la cama como si fuese un gorila.

Pero no te gusta ese papel. Estaría bien que tuvieses una cámara colocada para filmarte mientras te comportas como un gorila. Y más tarde, al verlo, te sentirás muy avergonzado: ¿qué estás haciendo? ¿Qué clase de idiota eres? Menos mal que la gente apaga la luz. En el pasado, todas las sociedades han estado en contra de que la gente hiciese el amor al aire libre, en la playa o en un parque. En el pasado, todas las sociedades han estado muy en contra, por la sencilla razón que cualquiera que se comportase como un gorila a la orilla del mar les estaría recordando a todos los demás hombres en la playa que «esto es lo mismo que yo hago, pero yo lo hago a oscuras, por la noche».

Pero el paso que hay de ser un gorila a estar iluminado simplemente es el paso de ser consciente de lo que estás haciendo y salirte del acto, de la misma manera que una serpiente se desprende de su vieja piel. Salta de la cama y conviértete en un buda. ¡Inténtalo esta misma noche! Justo mientras estás actuando como un gorila, salta de la cama, siéntate en postura de loto ¡y conviértete en un buda! Y te prometo que tu novia se sentirá todavía más feliz y dichosa: «Por fin le ha sucedido algo que tiene sentido».

Y te sorprenderá darte cuenta de lo pequeña que es la distancia. En tus sueños puedes ser un gorila, un presidente, el hombre más rico de la tierra..., pero todo son sueños. En realidad, cuando en tus sueños te conviertes en un gorila, es una pesadilla. Todos los romances se vuelven pesadillas. Y también parece muy difícil despertar de la pesadilla, pero la gente sólo quiere despertar cuando sus sueños se convierten en pesadillas. Si el sueño continúa, dulce, hermoso, ¿quién quiere despertarse?

Menos mal que te has dado cuenta de una cosa..., que te comportas como un gorila. Es una conclusión importante. Pero ahora mismo, esta noche, da el primer paso para iluminarte; mañana todos podrán ver que este hombre (que solía ser un gorila) se ha iluminado. Todavía existen los milagros.

¿Cuál es la diferencia entre sexo normal y sexo tántrico?

Tu acto sexual y el acto sexual tántrico son básicamente diferentes. Tu acto sexual es para descargar; es como un buen estornudo. Expulsas la energía y aligeras el peso. Es destructivo, no es creativo. Es bueno, es terapéutico. Te ayuda a relajarte, pero nada más.

El acto sexual tántrico es, básicamente, diametralmente opuesto y diferente. No se hace para descargar. Se hace para permanecer en el acto sin eyacular, sin expulsar toda la energía; para fundirse en el acto: al principio del acto, no al final. Esto transforma la cualidad, en conjunto, la cualidad es diferente.

Intenta comprender estas dos cosas. Hay dos tipos de

clímax, dos tipos de orgasmo. Uno ya lo conoces. Llegas a la cúspide de la excitación y no puedes ir más lejos: ha llegado el final. La excitación alcanza un punto donde ya no es voluntaria. La energía te invade y sale. Te descargas, te aligeras. Expulsas la carga; puedes relajarte y dormir.

Lo estás usando como si fuese un tranquilizante. Es un tranquilizante natural: le seguirá un buen descanso, siempre que tu mente no esté agobiada por la religión. En ese caso, se destruye incluso el efecto tranquilizante. Si tu mente no está agobiada por la religión, el sexo podrá ser tranquilizante. Si te siente culpable, hasta tu sueño se alterará. Te sentirás deprimido, empezarás a descalificarte y a jurar que ya no volverás a gozar. Después tu sueño se convertirá en una pesadilla. Si eres un ser natural y no estás demasiado agobiado por la religión y la moralidad, entonces podrás usar el sexo como un tranquilizante.

Este es un tipo de orgasmo: llegar a la cúspide de la excitación. El tantra se basa en otro tipo de orgasmo. Si llamamos al primero un orgasmo cúspide, el orgasmo tántrico se podrá llamar orgasmo valle. En él no llegas a la cúspide de la excitación sino al valle más profundo de la relajación. Al principio, la excitación es necesaria para ambos. Por eso digo que al principio son iguales pero los finales son completamente diferentes.

La excitación se usa para ambos: tanto si vas a la cúspide de la excitación como si vas al valle de la relajación. Para el primero, la excitación tiene que ser intensa, cada vez más intensa. Tienes que desarrollarte en él, tienes que ayudarlo a crecer hasta la cúspide. En el segundo, la excitación sólo es el principio. Después, una vez que el hombre ha penetrado, el amante y la amada se pueden relajar. No es necesario hacer ningún movimiento. Se pueden relajar en un abrazo cariñoso. Si el hombre o la mujer sienten que se va a perder la erección, sólo entonces se precisa movimiento. Pero después te vuelves a relajar. Puedes prolongar este profundo abrazo durante horas sin eyacular, y después los dos podéis dormir juntos profundamente. Esto —esto— es un orgasmo valle. Los dos están relajados y se encuentran dos seres relajados.

En el orgasmo sexual corriente se encuentran dos seres excitados, tensos, llenos de excitación, intentando descargarse. El orgasmo sexual corriente parece una locura; el orgasmo tántrico es una meditación profunda, relajante.

Quizá no os hayáis dado cuenta pero el hecho de que el hombre y la mujer sean fuerzas opuestas es biológico, bioenergético. Negativo-positivo, *yin-yang* o como quieras llamarlo, se excitan el uno al otro. Y cuando se encuentran en una meditación profunda se revitalizan. Ambos se revitalizan, se vuelven generadores, se sienten más vivos, están radiantes de nueva energía y no se pierde nada. Basta con encontrarte con el polo opuesto para que la energía se renueve.

El acto sexual tántrico se puede repetir todas las veces que quieras. El acto sexual corriente no se puede repetir todas las veces que quieras porque pierdes energía, y tu cuerpo tendrá que esperar para volver a recuperarla. Y cuando la recuperes, la volverás a perder. Parece absurdo. Desperdiciar toda la vida en ganarla y perderla, ganarla y perderla: es como una obsesión.

Lo segundo que hay que tener en cuenta es que tal vez lo hayas observado o tal vez no pero si te fijas, los animales nunca disfrutan del sexo. No disfrutan durante el coito. Fijaos en los babuinos, los monos, los perros o cualquier tipo de animal. Durante el acto sexual no están felices ni disfrutando, ¡no lo parece! Parece más un acto mecánico; es como si una fuerza natural les impulsara a hacerlo. Si alguna vez has visto a los monos durante el coito habrás visto que al terminar se separan. Si te fijas en sus caras no están extáticos, es como si no hubiese sucedido nada. Cuando la energía lo requiere, cuando es excesiva, la expulsan.

El acto sexual corriente es exactamente así, pero los moralistas han estado diciendo lo contrario. Dicen: «No te abandones, no "disfrutes"». Dicen: «Esto es lo que hacen los animales». ¡No es cierto! Los animales jamás disfrutan; sólo el hombre puede disfrutar. Y cuanto más profundamente puedas disfrutar, más elevada será la humanidad resultante. Si tu acto sexual se puede convertir en un acto meditativo, extático, alcanzarás lo más elevado. Pero no te olvides del tantra: es un orgasmo valle, no una experiencia cumbre. ¡Es una experiencia valle!

En Occidente, Abraham Maslow ha hecho muy famoso el término *experiencia cumbre*. Vas hacia la cumbre a través de la excitación y después caes. Por eso sientes una caída después del acto sexual. Es natural: estás cayéndote desde la cumbre. Jamás sentirás eso después de una experiencia de amor tántrico. Entonces no caerás. No puedes caerte porque estás en el valle, mejor dicho, estás ascendiendo.

Después de un acto sexual tántrico, no has caído sino que has ascendido. Te sientes cargado de energía, más vital, más vivo, radiante. Ese éxtasis puede durar horas, incluso días. Sólo depende de la profundidad con que lo hayas realizado. Si empiezas a practicarlo, antes o después te darás cuenta que la eyaculación es una pérdida de energía. No es necesaria, a menos que necesites tener niños. Y con un acto sexual tántrico te sentirás profundamente relajado durante todo el día. Basta una sola experiencia tántrica para que te sientas relajado durante varios días, cómodo, en casa, no violento, no enfadado, no deprimido. Una persona así no puede ser un peligro para los demás. Si puede, ayudará a los demás a ser felices. Si no puede, al menos no hará infeliz a nadie.

Solamente el tantra puede crear un nuevo hombre, y entonces crecerá el hombre que pueda conocer la eternidad, el no egocentrismo y la no dualidad con la existencia.

El monje

Todas las religiones te han estado enseñando que tienes que renunciar a tu mujer, a tus hijos, al mundo, a las comodidades, a todo lo que hace que tu vida sea feliz. Sólo así te salvarás. Te están enseñando a suicidarte; esto no es religión. Pero han transformado a millones de personas en un banda de suicidas.

En cuanto se muere tu amor, mueren otras muchas cosas que hay en ti. Un hombre cuyo amor ha muerto es incapaz de ver la belleza que hay en un cuadro. Si no es capaz de ver la belleza en el rostro humano, si no es capaz de ver la belleza en la máxima expresión de la existencia, ¿cómo podrá verla en un lienzo? Sólo unos cuantos colores. No es capaz de encontrar ninguna belleza ahí.

Quien no tiene amor, no puede escribir poesía, porque sin amor la poesía está vacía. No tiene vida. Es un ejercicio de palabras sin alma. Es el cadáver de la poesía, pero no es poesía. Un hombre que no es capaz de amar no puede ser creativo en ningún aspecto...

Los presuntos monjes célibes no han contribuido en absoluto a la sabiduría y la inteligencia humanas, a la belleza, la riqueza, la música, la danza. No, vuestros monjes y monjas célibes no han contribuido en ninguna dimensión. Han sido un lastre para la tierra.

A lo único que han contribuido es al sida. Y es una consecuencia natural.

La vida surge del sexo, se basa en el sexo. Puedes desarrollar tu sexo hasta tal punto que se puede convertir en amor, en compasión. Pero si bloqueas tu propia energía sexual con el celibato, destruyes toda posibilidad de crecimiento. Te diriges entonces hacia la muerte. Si el sexo es vida, el celibato es muerte. Es lógico... Los célibes te han dado el sida porque el celibato es antinatural, va contra la biología, contra la psicología, contra tus hormonas.

Ten en cuenta que tu cuerpo es autónomo. No está a tus órdenes; tiene su propio programa y trabaja de acuerdo con él. Comes alimentos. Lo que quieras comer depende de ti, pero una vez que pasa a través de tu garganta, está más allá de tu capacidad el intervenir. Ahora la capacidad de digerirlo está en tu cuerpo, de separarlo en los diferentes elementos, de enviar esos elementos a las diferentes partes del cuerpo: lo que sea preciso para el cerebro se enviará al cerebro; lo que sea preciso para los genitales se enviará a los genitales.

Tu cuerpo no sabe que eres un monje cristiano, que eres célibe. Sigue produciendo esperma masculino. ¿Qué harás con el esperma masculino? No puedes seguir reteniéndolo porque no hay espacio suficiente; cuando está lleno, se debe expulsar. Y los espermatozoides tienen prisa por salir porque también quieren ver lo que pasa fuera. Así es como viniste tú al mundo y como vinieron todos los demás.

Menos mal que el padre de Gautama el Buda no era un monje. Sólo algunos: el padre de Gautama el Buda, el de Lao Tzu, el de Chuang Tzu, el de Moisés..., si todos ellos hubiesen sido monjes, no habría habido religiones, excepto el cristianismo..., porque el pobre padre de Jesús no tenía nada que ver con el nacimiento de Jesús: ¡era un monje!

¿Alguna vez se os ha ocurrido pensar que el Dios cristiano es una trinidad, y que una de las partes de la trinidad es el Espíritu Santo? No es célibe, es un violador. ¡Vaya acto divino! Violar a la mujer virgen del pobre carpintero, y todavía seguís llamando Espíritu Santo a este monstruo. ¿Entonces, cómo será un espíritu pecador? Y él es una parte esencial de Dios, lo que también convierte a Dios en no célibe.

Pero vuestros monjes, vuestras monjas y todas las religiones han empujado a la humanidad hacia la muerte, la destrucción. Y el resultado final es el sida..., el sida se extiende rápidamente, como un reguero de pólvora. Tal vez destruya a la humanidad.

¿Por qué, en el pasado, las religiones han negado la vida?

El hombre ha sido explotado en nombre de la religión..., explotado por sacerdotes y políticos. Los sacerdotes y los políticos están conspirando contra el hombre. La única forma de explotar al hombre es asustándole. Cuando el hombre está lleno de miedo, está listo para someterse. Cuando el hombre está temblando por dentro, pierde la confianza en sí mismo. Entonces es capaz de creerse cualquier estupidez. No conseguirás que un hombre que tiene confianza en sí mismo se crea ningún disparate.

Tenlo presente, así es como han explotado al hombre desde hace siglos. Este es el secreto industrial de las supuestas religiones: asustar al hombre, hacerle sentirse indigno, hacerle sentir culpable, hacerle sentir como si estuviera al borde del infierno.

¿Cómo se puede asustar tanto a un hombre? Esta es la única manera: condenando la vida y todo lo que sea natural. Condenando el sexo porque es lo esencial de la vida; condenando el alimento, que es el segundo elemento esencial; condenando las relaciones, la familia, la amistad, que son el tercer elemento esencial de la vida..., y seguir condenando.

Desaprueba todo lo que sea natural, dile al hombre que está mal: «Si lo haces, lo pagarás; si no lo haces, serás recompensado. Si sigues viviendo naturalmente irás al infierno» —este es el mensaje de todo el pasado—, «y si vas contra la vida serás premiado con el cielo».

Esto quiere decir que Dios te aceptará sólo si eres un suicida. Si cometes, poco a poco, un suicidio de los sentidos, del cuerpo, de la mente, del corazón y te sigues destruyendo, cuanto más te destruyas más te querrá Dios. Este ha sido, en el pasado, el mensaje de todas las religiones. Ha contaminado al ser del hombre, ha envenenado al hombre. Gracias a esto, los envenenadores han podido explotar al hombre totalmente.

Las religiones del pasado estaban enfocadas hacia la muerte, no hacia la vida.

Lo que estoy pregonando es una visión orientada hacia la vida: ama la vida en toda su multidimensionalidad, porque es el único modo de acercarse cada vez más a la verdad absoluta. La verdad absoluta no está lejos, está escondida en lo inmediato. Lo inmediato es lo absoluto, lo inmanente es lo trascendente. Dios no está allí, sino aquí. Dios no es aquello, sino esto. Y tú no eres indigno, no eres un pecador.

Estoy aquí para aliviarte de todos los sentimientos de culpa. Estoy aquí para ayudarte a confiar otra vez en ti mismo. Cuando comiences a confiar en tu propio ser no habrá ningún político, ningún sacerdote que te pueda explotar. Siempre se ha explotado al hombre a través del miedo.

He oído contar una historia...

Una vez, Mulla Nasruddin se perdió en la selva. Pasó todo el día buscando una salida, pero no la encontró..., estaba cansado, hambriento, exhausto, sangrando, su ropa estaba hecha jirones porque la selva era muy tupida y enmarañada. Estaba oscureciendo, el sol se estaba poniendo y se hacía de noche.

Él era ateo, un ateo reconocido que nunca había rezado. Pero en estas circunstancias, al sentir miedo de la noche y de los animales salvajes, pensó en Dios por primera vez. Se olvidó de todos los argumentos que tenía contra Dios. Se arrodilló en el suelo y dijo:

—Oh, Señor... —echó una mirada alrededor, se sentía algo avergonzado, sabiendo perfectamente que no había nadie pero, a pesar de todo, se sentía avergonzado..., ¡toda una vida de ateísmo filosófico! Pero si el miedo llama a tu puerta y la muerte está a un paso, ¿a quién le importa la lógica, la filosofía o cualquier otro ismo? ¿A quién le importa la razón, los argumentos?

—Oh, Señor —dijo—, por favor, ayúdame a salir del bosque y te alabaré siempre. Incluso empezaré a ir a la mezquita. Seguiré todos los rituales del islam. ¡Te lo prometo! Sálvame. Perdóname. Me arrepiento de todas las cosas que he dicho contra ti. He sido un idiota, un absoluto idiota. Ahora sé que existes.

Justo en ese momento pasó un pájaro volando por encima de su cabeza y dejó caer algo en sus manos extendidas.

—Por favor, Dios, no trates de engañarme con esta mierda. ¡En serio, estoy perdido de verdad!

Cuando un hombre tiene miedo, aunque haya sido ateo durante toda su vida, se vuelve creyente. Los sacerdotes descubrieron esto hace siglos y lo empezaron a usar. El pasado de la humanidad está presidido por el miedo.

La mejor forma de provocar miedo es hacerle sentir al hombre culpable de las cosas naturales. No *puede* renunciar a ellas, y tampoco puede disfrutarlas por el miedo al infierno, está atado de pies y manos. Esta atadura es el origen de la explotación del hombre. No puedes renunciar a tu sexualidad simplemente porque un estúpido sacerdote te diga que está mal. No tiene nada que ver con tu idea de lo que está bien o mal; es natural, es intrínseco. Procedes de ahí, cada una de tus células es sexual. No puedes renunciar simplemente con decirlo. Sí, lo puedes reprimir, y al reprimirlo podrás empezar a acumularlo en el inconsciente hasta que se convierta en una herida. Cuanto más lo reprimes, más te obsesiona. Cuanto más te obsesionas, más culpable te sientes. Es un círculo vicioso. Has caído en la trampa del sacerdote.

Ni el mismo sacerdote ha creído nunca en esto, ni tampoco el político. Estas cosas eran para la gente, para las masas; han engañado a las masas.

Se cuenta que los reyes tenían cientos de esposas, igual que los sacerdotes. Es un milagro: la gente seguía creyendo en esos charlatanes. Los sacerdotes y los políticos han estado haciendo todo lo que le han dicho a la gente que no haga, unas veces abiertamente, y otras a escondidas...

Los sacerdotes han hecho un daño terrible al corazón humano, a la conciencia humana. Han envenenado al hombre con la idea de que la vida es horrible. Han estado enseñando a la gente a deshacerse de la vida.

Yo le enseño a mi gente a profundizar más en la vida. Ellos han estado enseñando a deshacerse de la vida. Yo te enseño a hacer que tu vida sea libre. Ellos te han estado enseñando a terminar con esta vida, y yo a adentrarte eternamente en ella, sin cesar, a vivir la vida abundantemente. De ahí la controversia; es inevitable que exista. Mi visión es exactamente lo contrario de lo que se ha estado enseñando en nombre de la religión.

Estoy aportando al mundo una nueva visión de la religión.

Es el intento más osado que jamás se haya hecho: aceptar la vida en su multidimensionalidad, disfrutarla, celebrarla, regocijarse en ella. Mi camino no es la abnegación, sino el alborozo. No es ayunar, sino festejar. Ser festivo es ser religioso. Mi definición de religión está en la dimensión festiva.

Ningún otro animal es festivo; ningún otro animal sabe nada de festivales. Los delfines pueden jugar, los chimpancés pueden jugar, pero sólo el hombre celebra.

La celebración es el desarrollo máximo de la conciencia. Yo os enseño la celebración. La celebración es mi clave.

Zorba

—¿Habéis leído *Zorba el griego?* ¡Leedlo! Zorba le dice a su jefe:

—Hay algo que te falta, jefe. ¡Un toque de locura! Hasta que no cortes la cuerda no estarás realmente vivo.

Un poco de locura te proporciona dimensiones, poesía y el suficiente coraje para ser feliz en este mundo infeliz.

Zorba tiene su propia belleza. Kazantzakis, que escribió la novela *Zorba el griego*, es uno de los mejores novelistas de este siglo, y sufrió inmensamente a manos de la Iglesia.

Zorba es un nombre ficticio, no un personaje histórico. Cuando Kazantzakis escribió *Zorba el griego* fue expulsado de la Iglesia. Cuando escribió *Zorba* le presionaron: «O retiras tu libro *Zorba* o, si no, te expulsaremos». Como no retiró el libro fue expulsado del cristianismo y le condenaron al infierno.

Zorba, en realidad, es la personalidad de Kazantzakis que el cristianismo reprimió, la que no pudo vivir pero quería poner en práctica. Expresó toda esa parte de su vida que no practicaba en el nombre de Zorba. Zorba es un hombre hermoso..., no tenía miedo al infierno, no codiciaba el cielo, vivía momento a momento, disfrutaba las pequeñas cosas..., la comida, la bebida, las mujeres. Después de un día de trabajo, se llevaba su instrumento a la playa y bailaba durante horas.

Y la otra cara de Kazantzakis que vivió en *Zorba el griego*..., Zorba es el criado; la otra parte es el amo que empleó a Zorba de criado. Siempre está triste, sentado en su oficina, clasificando sus archivos, nunca se ríe, nunca disfruta, nunca sale y en el fondo tiene envidia de Zorba porque él gana poco dinero, no demasiado, pero vive como un emperador, sin pensar en el mañana, en qué pasará. Come bien, canta bien, baila bien. Y su amo, que es muy rico, está triste, tenso, angustiado, padeciendo, sufriendo.

Zorba es la parte no vivida de todas las personas que se dicen religiosas.

¿Por qué la Iglesia se opuso tanto cuando se publicó *Zorba?* Solamente se trataba de una novela; la Iglesia no tenía motivos para preocuparse. Pero estaba tan claro que se trataba del cristiano no vivido que hay dentro de cada cristiano, que este libro podía ser peligroso. Y *es* un libro peligroso.

Pero *Zorba* es enormemente hermoso. Kazantzakis le manda a la ciudad a comprar algunas cosas, y se olvida de todo. Bebe, va con prostitutas y se divierte, y de vez en cuando se acuerda de que aparentemente han pasado muchos días, pero sigue teniendo todo el dinero. ¿Cómo va a volver antes de que se acabe todo el dinero? El amo se enfadará mucho, pero no puede evitarlo..., es *su* problema. Regresa tres semanas más tarde (sólo se había ido para tres días), pero no trae nada de lo que le había encargado. Y viene contando todas sus historias:

—Ha sido un viaje magnífico, deberías haber venido. Conocí a unas *bubulinas* [1] preciosas..., ¡y qué vino tan bueno!

---

1. Personaje femenino, la prostituta, de la novela *Zorba el griego.* (*N. de los T.*)

El amo le preguntó:

—¿Pero dónde están las cosas? Llevo aquí sentado tres semanas y estoy que exploto.

—¿A quién le preocupan las cosas sin importancia cuando tienes alrededor cosas tan hermosas? Me lo puedes descontar de mi sueldo todas las semanas, y poco a poco, te iré devolviendo tu dinero. Lo siento, pero no pude volver antes. Y deberías alegrarte de que haya vuelto. *Tuve* que volver porque se acabó el dinero. Pero la próxima vez que vaya, te traeré todas las cosas —le respondió.

—No volverás a ir nunca más —le aseguró—, mandaré a otra persona.

Toda la vida de Zorba es un placer físico, pero sin ansiedad, sin culpa, sin preocuparse por el pecado o la virtud.

Nikos Kazantzakis os representa a vosotros, a cada ser humano. Era un hombre excepcional, pero víctima de su pasado. Era un hombre muy sensible, por eso se hizo tan patente la división; era un hombre muy inteligente que se daba cuenta de que estaba dividido. Eso le provocaba una gran tortura interna.

Estar dividido contra ti mismo es un infierno, luchar contigo mismo es una tortura continua. Quieres hacer algo —es una de tus partes—, y la segunda parte dice: «No, no lo puedes hacer. Es un pecado». ¿Cómo puedes estar en paz contigo mismo? Y la persona que no está en paz consigo misma no puede estar en paz con la sociedad, con la cultura, y finalmente, con la existencia. El individuo es la piedra angular de la existencia.

Me gustaría que Zorba estuviese vivo dentro de todas las personas del mundo, porque es vuestro patrimonio natural. Pero no deberías detenerte en Zorba. Zorba es sólo el principio.

Me gustaría que fueses a la vez Zorba el griego y Gautama el Buda, simultáneamente. No me conformo con menos. Zorba representa la tierra con las flores y el follaje, las montañas, los ríos y los mares. Buda representa el cielo con todas las estrellas, las nubes y los arco iris. El cielo sin la tierra estaría vacío. El cielo no se puede reír sin la tierra. La tierra sin el cielo estaría muerta. La unión de ambos, y nace un baile en la existencia. El cielo y la tierra bailando juntos..., hay risa, hay alegría, hay celebración.

Si un hombre puede ser un auténtico Zorba no estará lejos de ser un Buda. Habrá hecho la mitad del camino. Y la primera mitad es la más difícil, porque todas las religiones se oponen. Todas las religiones te arrastran hacia otro lugar, te alejan de la primera mitad; cuando te hayan arrastrado hacia otra dirección ya nunca podrás ser un Buda, porque sólo este camino te lleva a Buda.

Zorba es el camino hacia Buda.

**Desde que te conocí me atrevo a amar, a reír
y a bailar otra vez. Has abierto mis ojos
a la belleza, a la poesía de la vida. Me siento más
joven, casi como un niño, asombrado por la belleza
que impregna todo; un joven pagano vagando
con placer, bebiendo el néctar, disfrutando de cada
gota. ¿Es esto profundamente inmoral?**

No, es inmensamente moral. Es la única moralidad que existe: ser pagano, exprimir todo el néctar de cada momento de la vida; ser un niño, inocente, persiguiendo nuevamente a las mariposas, recogiendo caracolas en la playa, piedras de colores..., ver la belleza de la existencia que te rodea, permitiéndote amar y ser amado. El amor es el principio de la religión. Y el amor también es el final de la religión.

Una persona religiosa siempre es joven. Es joven incluso cuando se está muriendo. Está lleno de alegría hasta en su muerte, lleno de baile, lleno de canto.

Yo os enseño a ser paganos y a tener la inocencia de los niños. Os enseño a conocer el milagro y el misterio de la existencia, no a analizarlo, sino a disfrutarlo, no a hacer una teoría de ello, sino a hacer un baile.

Toda la existencia está bailando, excepto el hombre. Se ha convertido en un enorme cementerio. Os estoy llamando para que salgáis de vuestras tumbas.

No, no es inmoral. Todas las religiones dirán que lo es, pero esas religiones están equivocadas. El que diga que es inmoral está contra la humanidad, contra la existencia, contra la alegría, el éxtasis y todo lo que conduce a la divinidad. Estoy totalmente a favor.

Segunda parte

El hombre o la mujer
siguen estando solos,
pero se forma un amante
cuando las almas se unen.

Los místicos baúles

Eva

Hay días que me siento como un hombre y otros como una mujer. ¿Puedo ser ambos?
¿O me volveré esquizofrénico?

Todo el mundo es ambos y tú te has dado cuenta. Está muy bien, es un gran hallazgo sobre tu ser. Todo el mundo es ambos pero hasta ahora la sociedad ha estado condicionada de tal modo..., nos han enseñado y educado de tal modo..., que un hombre es un hombre, y una mujer es una mujer. Es un arreglo muy falso, no es fiel a la naturaleza. Si un hombre empieza a llorar y a gemir, la gente le empieza a decir: «No llores como una mujer, no te lamentes, no seas marica». Es una bobada, porque un hombre tiene tantas glándulas lacrimales como una mujer. Si la naturaleza no hubiese querido que llorase y gimiese, no las tendría.

Esto es muy represivo. Si una niña se empieza a comportar como un chico, es ambiciosa, agresiva, la gente piensa que algo está mal. Le llaman marimacho; no es una niña. ¡Qué tontería! No es una división natural; es una división política, social.

Se ha obligado a las mujeres a hacer el papel de mujeres veinticuatro horas al día, y al hombre a hacer el papel de hombre veinticuatro horas al día; esto es antinatural y sin duda causa mucho sufrimiento en el mundo.

Hay momentos en que el hombre es suave y debería ser femenino. Hay momentos en los que el marido debería ser la esposa, y la esposa el marido, y esto debería ser muy natural. Entonces habría más ritmo y armonía. El hombre estará más relajado si no se supone que deba ser un hombre veinticuatro horas del día. Y una mujer será más natural y más espontánea si no se supone que deba ser una mujer las veinticuatro horas del día.

Sí, de vez en cuando, en un ataque de ira, una mujer puede ser más peligrosa que un hombre, y a veces, en los momentos tiernos, un hombre puede ser más cariñoso que ninguna mujer..., y estos momentos siempre están cambiando. Los dos estados son tuyos; no creas que te estás volviendo esquizofrénico o algo así. Esta dualidad forma parte de la naturaleza.

Has hecho un gran hallazgo. No lo pierdas, y no te preocupes de volverte esquizofrénico. Es un cambio: durante unas horas eres un hombre y a otras horas eres una mujer. Si te fijas, podrás calcular exactamente durante cuántos minutos eres una mujer o un hombre. Es un cambio periódico. El yoga ha investigado a fondo estos secretos internos. Si observas tu respiración, esto te dará exactamente el tiempo. Cuando respiras por una aleta de la nariz, la izquierda, eres femenino. Cuando respiras por la aleta derecha eres masculino. Y cada cuarenta y ocho minutos, aproximadamente, cambia.

Este cambio ocurre continuamente, de día o de noche. Cuando respiras por la aleta izquierda funciona el hemisferio derecho del cerebro, que es la femenina. Cuando respiras por la aleta derecha funciona el hemisferio izquierdo, la parte masculina. A veces puedes jugar con esto.

Si estás muy enfadado, haz una cosa: tápate la aleta derecha de la nariz y empieza a respirar por la izquierda; al cabo de unos segundos verás que la rabia ha desaparecido, porque para estar enfadado necesitas estar en la parte masculina de tu ser. Inténtalo y te sorprenderás. Simplemente con cambiar la respiración de un lado al otro sucede algo muy importante. Si sientes frialdad respecto al mundo respira por la aleta izquierda y deja que te inunde tu imaginación, tu fantasía, tu calidez..., y de repente te sentirás lleno de calidez.

Y hay acciones que se llevan mejor a cabo cuando estás en un estado masculino. Cuando haces algo difícil, como cargar una piedra o empujar una piedra, observa la nariz. Si no está en el lado masculino no está bien. Podría ser peligroso para tu cuerpo: estarás demasiado blando. Cuando estás jugando con un niño o sentado con tu perro, siente que estás en el lado femenino..., y tendrás más afinidad. Cuando estás escribiendo un poema, pintando o tocando música, deberías estar en el lado femenino..., ¡a menos que estés tratando de tocar música bélica! En ese caso está bien, deberías estar en el lado masculino, agresivo.

Obsérvalo, y te irás dando cuenta, cada vez más, de las dos polaridades. Está bien que existan las dos polaridades: la naturaleza se encarga del resto. Cuando la parte masculina se cansa, te trasladas a la parte femenina; la parte masculina descansa. Cuando la parte femenina está cansada, descansas; te vuelves masculino. Es una economía interna..., vas cambiando. Pero vuestra sociedad os ha enseñado cosas falsas: que un hombre es un hombre, y *tiene* que serlo veinticuatro horas al día; esta es una tarea muy difícil. Y una mujer tiene que ser mujer las veinticuatro horas del día, suave, cariñosa, compasiva: es una tarea muy difícil. A veces, ella también quiere luchar, enfadarse, tirar cosas..., y está bien, si eres capaz de entender el juego interno.

Las dos polaridades son un buen juego interno: el juego de la conciencia. Por eso Dios se ha dividido dentro de ti, para jugar al escondite consigo mismo. Cuando el juego ha terminado, cuando has aprendido todo lo que tenías que aprender del juego, cuando has aprendido la lección, das un paso más.

El estado final no es masculino ni femenino: es neutro.

En el fondo, el hombre es consciente del hecho de que la mujer tiene algo que él no tiene. En primer lugar, la mujer le resulta atractiva, es hermosa. Se enamora de ella, la mujer se convierte casi en una adicción..., y ahí es donde surge el problema.

La dependencia de las mujeres que siente cualquier hombre le hace reaccionar de tal manera que intenta manipular a la mujer como si fuese su esclava, una esclava espiritual. También tiene miedo porque es hermosa. Es hermosa no sólo para él, sino para cualquiera que la mire y cualquiera que esté en contacto con ella. En la mente machista y egoísta surge una gran envidia. El hombre ha hecho con las mujeres lo que Maquiavelo le propone a los políticos; el matrimonio también es política. Maquiavelo sugiere que la mejor defensa es una ofensa, y el hombre ha utilizado esta idea desde hace siglos..., siglos antes de que Maquiavelo reconociese que era un hecho básico en todas las esferas políticas. Siempre que exista algún tipo de dominación, la ofensa será inevitablemente la mejor defensa. Al defenderte, ya estás perdiendo terreno; ya has aceptado estar en el lado de los derrotados. Estás protegiéndote.

En India existen escritos religiosos como los *manusmriti*, con cinco mil años de antigüedad, que sugieren que si quieres tener paz en tu casa es necesario que le des una buena paliza a tu mujer de vez en cuando. Debería vivir casi encarcelada. Y así es como ha vivido la mujer, en diferentes culturas, distintos países, pero el encarcelamiento es casi el mismo. Y como el hombre quería demostrar que era superior... Tenlo en cuenta, siempre que quieras demostrar algo significa que no eres eso. La superioridad real no necesita pruebas, evidencias, testigos, argumentos. Cualquiera que tenga un poco de inteligencia la reconocerá inmediatamente. La superioridad real tiene su propio magnetismo.

Como los hombres han condenado a la mujer (lo tuvieron que hacer para mantener el control), la han reducido a una categoría casi infrahumana. ¿Qué temor les ha conducido a hacer esto? Porque esto es una paranoia total. El hombre compara continuamente y se da cuenta de que la mujer es superior. Por ejemplo, el hombre es muy inferior cuando hace el amor con una mujer porque sólo puede tener un orgasmo, mientras que la mujer puede tener al menos media docena, en cadena, un orgasmo múltiple. El hombre se siente totalmente impotente. No le puede dar a la mujer esos orgasmos. Esto ha originado una de las cosas más mezquinas: como no puede darle un orgasmo múltiple, ha intentado no darle ni siquiera el primero. El sabor de un orgasmo le puede poner en peligro.

Si una mujer sabe qué es un orgasmo, inevitablemente se dará cuenta que con uno no es suficiente, al contrario, tendrá más sed. Pero el hombre está agotado; por eso, lo más astuto es que la mujer no sepa que existe algo parecido al orgasmo. Y no debes creer que el hombre está en una situación más ventajosa porque la mujer no haya tenido un orgasmo. No dándole un orgasmo a la mujer él también pierde el suyo.

Hay que entender algo importante: la sexualidad del hombre es local, está limitada a sus genitales y al centro sexual del cerebro. Pero con la mujer es diferente: su sexualidad está en todo el cuerpo. Todo su cuerpo es sensible, erótico. Como la sexualidad del hombre es local, es pequeña. La sexualidad de la mujer es algo muy grande. El hombre termina en unos pocos segundos, la mujer todavía no ha entrado en calor. El hombre tiene mucha prisa..., como si estuviese haciendo un trabajo pagado y quisiera acabar rápido. Hacer el amor es lo mismo.

En realidad, me pregunto por qué el hombre se molesta en hacer el amor. Dos o tres segundos y ¡se acabó! La mujer estaba entrando en calor y el hombre ha terminado. No es que haya tenido un orgasmo; eyacular no es tener un orgasmo. El hombre se vuelve hacia su lado y se echa a dormir. Y la mujer..., no una, sino millones de mujeres lloran después de hacer el amor porque se han quedado en el limbo. Les has animado y antes de que puedan llegar al final el juego se ha acabado.

Pero el hecho de que el hombre acabe rápidamente tiene un trasfondo muy significativo; aquí es adonde quería llegar. Al no permitirle a la mujer el primer orgasmo, ha aprendido a terminar lo más rápido posible. De modo que la mujer ha perdido algo tremendamente hermoso, algo sagrado en esta tierra..., y el hombre también.

La mujer no sólo tiene ventaja en el orgasmo. En cualquier parte del mundo, la mujer vive cinco años más que el hombre; la edad media de la mujer es cinco años más que la del hombre. Eso quiere decir que tiene mayor resistencia, más vigor. Las mujeres caen enfermas menos que los hombres. Aunque estén enfermas, se curan más rápido que los hombres. Estos son datos científicos.

Por cada cien niñas, nacen ciento quince niños. Uno se pregunta: ¿por qué ciento quince? Pero la naturaleza es sabia. Cuando llegue la edad de casarse, se habrán quedado en el camino quince niños. Sólo quedarán cien niños y cien niñas. Las niñas no se mueren fácilmente. No hay tantos suicidios entre las mujeres como entre los hombres; la tasa de suicidio de los hombres es el doble. Aunque las mujeres hablan del suicidio más que los hombres; el hombre, habitualmente, no habla de ello... Las mujeres amenazan con el suicidio pero siempre sobreviven, porque no utilizan métodos drásticos para matarse. Escogen las pastillas de dormir, que son más cómodas, más científicas y más contemporáneas. Y curiosamente, ninguna mujer toma tantas pastillas que sea imposible revivirla. Así que su suicidio no es un suicidio, sino una especie de protesta, una amenaza, un chantaje para que el marido entienda que es una advertencia para el futuro. Todo el mundo le desaprueba, los médicos, los vecinos, los parientes, el jefe de policía. Él se ha convertido innecesariamente en un criminal, y todo el mundo se compadece de la mujer, a pesar de que iba a suicidarse.

En lo que respecta al homicidio, la diferencia es muy grande. El hombre comete veinte veces más asesinatos que la mujer; una mujer lo comete sólo en raras ocasiones. Las mujeres se vuelven locas menos que los hombres. Una vez más, la proporción es la misma: los hombres se vuelven locos el doble que las mujeres.

A pesar de todo, después de que la ciencia ha demostrado todos estos datos, sigue existiendo la superstición de que el hombre es más fuerte. Sólo es más fuerte en una cosa, y es en que tiene un cuerpo musculoso. Es un buen artesano. Aparte de esto, siente un profundo complejo de inferioridad en todos los aspectos, y se ha sentido así desde hace muchos siglos. La única forma de evitar este complejo ha sido colocar a la mujer en una posición de inferioridad. Y es el único punto donde el hombre es más poderoso: puede obligar a la mujer. Es más cruel, es más violento y ha obligado a la mujer a aceptar una idea que es completamente falsa: que ella es débil. Y para demostrar que la mujer es débil tiene que censurar todas las cualidades femeninas. Tiene que decir que todas son débiles y la suma de todas esas cualidades hacen débil a la mujer.

En realidad, la mujer tiene grandes cualidades. Y cuando un hombre se ilumina, alcanza las mismas cualidades que ha estado censurando en la mujer. Todas las cualidades que se consideran débiles son femeninas. Y es curioso que todas las grandes cualidades entren dentro de esta categoría. El resto son sólo las cualidades brutales, animales.

La mujer es más cariñosa. El hombre nunca ha demostrado más amor que la mujer. En India han muerto millones de mujeres saltando a la pira funeraria con sus amados, porque no podían concebir la vida sin su marido o su amigo. Pero, ¿no os parece un poco raro que desde hace diez mil años ni un solo hombre se haya atrevido a saltar a la pira funeraria con su mujer? Ha pasado mucho tiempo, ha habido muchas oportunidades..., y tú eres más fuerte. La delicada mujer, la frágil mujer salta a la pira funeraria, y el fuerte Mohamed Alí sigue haciendo flexiones. ¡Y a pesar de todo es más fuerte!

La fuerza tiene muchas dimensiones. El amor tiene su propia fuerza. Por ejemplo, llevar durante nueve meses a un niño en el vientre requiere fuerza, vigor, amor. Ningún hombre lo aguantaría. Se le podría poner un vientre artificial, ahora la tecnología científica ha llegado hasta el punto que se le puede implantar un vientre de plástico al hombre, ¡pero no creo que aguantase durante nueve meses! Se tirarían los dos al mar.

Es difícil darle vida, darle un cuerpo, darle un cerebro y una mente a otro espíritu. La mujer comparte de todo corazón dándole al niño todo lo que puede. Incluso después de nacer, no es fácil criar a los niños. Para mí es una de las cosas más difíciles del mundo. Los astronautas y Edmund Hillary..., esta gente debería intentar antes criar niños. Sólo entonces podremos admitir que han conseguido algo subiendo al Everest; de lo contrario, no tiene sentido. Aunque hayas llegado a la luna y caminado sobre ella, no importa. Eso no demuestra que seas más fuerte. Un niño vivo, tan explosivo, una energía tan desbordante que te agotará en pocas horas. Nueve meses en el vientre y después unos cuantos años...

Intenta dormir un día con un niño pequeño en tu cama. Por la noche pasará algo en tu casa. O bien tú matas al niño, o el niño te mata a ti. Seguramente matarás al niño, porque los niños son los seres más detestables que hay en el mundo. Están tan lozanos y quieren hacer tantas cosas, y tú estás muerto de cansancio. Quieres irte a dormir, pero el niño está totalmente despierto y quiere hacer todo tipo de cosas, y quiere que le aconsejes, te hace preguntas..., y si nada de esto funciona, ¡entonces querrá ir al baño! Tendrá sed, tendrá hambre a mitad de la noche... El niño duerme durante todo el día. En el vientre de su madre duerme veinticuatro horas al día; después, poco a poco..., veintitrés, veintidós, veinte, pero casi siempre está dormido. Y por la noche se despierta. Durante el día está durmiendo y por la noche se despierta para torturarte.

No creo que exista un hombre capaz de soportar un embarazo o de criar a un niño. Es la fuerza de las mujeres. Pero es otro tipo de fuerza. Hay una fuerza que es destructiva y otra que es creativa. Hay una fuerza que nace del odio y otra que nace del amor.

El amor, la confianza, la belleza, la sinceridad, la honestidad, la autenticidad..., son cualidades femeninas, y son mucho mejores que ninguna cualidad del hombre. Pero todo el pasado ha estado dominado por el hombre y sus cualidades.

Naturalmente, en la guerra el amor no sirve para nada, la verdad, la belleza y la sensibilidad estética no sirven para nada, necesitas tener un corazón más duro que una piedra. En la guerra solamente necesitas tener odio, ira, la locura de destruir. El hombre ha luchado en cinco mil guerras en los últimos tres mil años. Sí, esto también es fuerza, pero no es digno de los seres humanos. Es una fuerza que procede de nuestra herencia animal. Pertenece al pasado, que ha muerto, y las cualidades femeninas pertenecen al futuro que está por venir. El hombre tiene que ganarse algo que la mujer ha recibido de la naturaleza como un regalo.

El hombre tiene que aprender a amar. Tiene que aprender a dejar que el corazón sea el que mande y que la mente sea un siervo obediente. El hombre tiene que aprender estas cosas. La mujer las trae consigo; sin embargo, convertimos estas cualidades en debilidades.

Las mujeres son mujeres, y los hombres, hombres; no se trata de hacer comparaciones. La igualdad no viene al caso. No son desiguales ni pueden ser iguales. Son únicos.

El hombre no está en mejor situación que la mujer en cuanto a experiencias religiosas. Pero tiene una cualidad, y es la del guerrero. En cuanto se le desafía puede desarrollar todo tipo de cualidades. Puede desarrollar mejor incluso las cualidades femeninas. Su espíritu de lucha equilibra las cosas. Estas cualidades son intrínsecas a las mujeres. El hombre sólo necesita ser provocado, desafiado: no has recibido estas cualidades, debes ganártelas. Si el hombre y la mujer pueden vivir estas cualidades, llegará pronto un día en el que podamos transformar el mundo en un paraíso.

Me gustaría que el mundo estuviese lleno de cualidades femeninas. Sólo así podrán desaparecer las guerras. Sólo así desaparecerá el matrimonio. Sólo así desaparecerán las naciones. Sólo así tendremos un solo mundo: un mundo amoroso, pacífico, silencioso y hermoso.

Pero cuando digo que el hombre tiene que desarrollar las cualidades femeninas no estoy diciendo que tenga que imitar a las mujeres.

El macho

Hay una amiga mía que a menudo usa la palabra
«ego masculino» cuando se refiere a mí; yo siento
que esto no es cierto. Desde el principio he estado
abierto y vulnerable a la energía femenina.
Además, he sentido que, cuando usa estas
palabras, hay un cierto odio hacia los hombres.
¿Puedes explicarme qué es el «ego masculino»
y qué significa que una mujer use esta expresión
cuando se refiere a un hombre?

El ego simplemente es el ego, no es ni masculino ni femenino. Pero el hombre ha sido muy inhumano con las
mujeres desde hace siglos, sin interrupción. Y lo extraño es
que el hombre ha sido tan cruel e inhumano con las mujeres porque tiene un profundo complejo de inferioridad al
compararse con ellas. El mayor problema es que la mujer
puede convertirse en madre; es capaz de engendrar y el
hombre no. Ese fue el comienzo del complejo de inferioridad: que la naturaleza depende de la mujer, no del hombre.

Además, él se ha dado cuenta que en muchos aspectos
ella es más fuerte. Las mujeres tienen más paciencia, son
más tolerantes que los hombres. Los hombres son muy im-
pacientes e intolerantes. Las mujeres son menos violentas
que el hombre. Las mujeres no cometen asesinatos; es el

hombre el que asesina, el que emprende cruzadas, el que siempre está preparándose para la guerra, el que inventa todo tipo de armas letales..., bombas atómicas, armas nucleares. La mujer no participa en absoluto en este juego de la guerra. Por tanto, no es coincidencia que el hombre empezara a sentirse de algún modo inferior. Y nadie quiere ser inferior; la única forma era obligar a la mujer a sentirse inferior con métodos artificiales. Por ejemplo, no permitir su educación, no permitirle tener libertad económica, no permitirle salir de casa, confinarla a un encarcelamiento. Parece mentira que el hombre haya hecho esto a la mujer para librarse de su complejo de inferioridad. Ha vuelto inferior a la mujer de un modo artificial.

Esta cuestión no sólo te incumbe a ti. Cuando tu mujer dice que tienes un ego masculino está representando a todas las mujeres y tú también representas a todos los hombres. Vuestros antepasados han hecho tanto daño que no hay manera de encontrar el equilibrio. De modo que cuando tu mujer te diga que esto es ego masculino, intenta comprender..., quizá tenga razón. Seguramente tendrá razón, porque el hombre se ha aceptado como superior durante tanto tiempo que no se da cuenta que es su ego. Es la mujer quien lo percibe.

No niegues su sentimiento. Debes estar agradecido y preguntarle dónde siente que hay un ego para que puedas renunciar a él. Acepta su ayuda.

Lo estás negando; no sientes que tengas un ego masculino. Pero es una herencia tradicional. Todos los niños tienen un ego masculino. Aunque sea un niño pequeño, si empieza a llorar, inmediatamente le dices: «¿Por qué lloras como una niña? Las niñas pueden llorar porque son infrahumanas. Pero tú vas a ser un gran machista, no debes llorar y gemir». Y los niños empiezan a reprimir las lágrimas. Es raro ver a un hombre que esté dispuesto a llorar y permita que le caigan las lágrimas como a las mujeres.

Escucha a las mujeres. Has reprimido y oprimido tanto a las mujeres que es hora de escucharlas y corregir las cosas. Al menos en tu vida personal, haz todo lo que puedas para que la mujer tenga la mayor libertad posible..., la misma libertad que te permites a ti mismo. Permítele levantarse para que pueda volver a florecer.

Tendremos un mundo mejor si se permite que las mujeres —las mujeres son la mitad del mundo— desarrollen su talento, su genialidad. No es en absoluto una cuestión de..., nadie es superior, nadie es inferior. Las mujeres son mujeres, los hombres son hombres; son diferentes, pero las diferencias no hacen a alguien superior ni inferior. Las diferencias crean la atracción. Imagínate un mundo donde sólo hubiera hombres. Sería horrible. La vida es rica porque hay diferencias, actitudes distintas, diferentes opiniones. Nadie es superior ni inferior. La gente es sencillamente distinta.

Acéptalo, y ayuda a tu mujer a liberarse de diez mil años de represión. Sé su amigo. Se ha hecho mucho daño; tiene tantas heridas que si puedes ayudarle a curarse con tu amor estarás contribuyendo al mundo entero, a la conciencia del mundo.

No te sientas mal si tu mujer te dice «esto es el ego masculino». Está ahí de una forma sutil, irreconocible, porque lleva ahí tanto tiempo que te has olvidado de que es el ego. Acepta su ayuda para que puedas reconocerlo y destruirlo.

¿Por qué tienen los hombres pelo en el pecho?

Bueno, ¡no pueden tenerlo todo!

Siempre te oigo decir cosas bonitas de las mujeres. ¿No podrías ponerte de parte de los hombres de vez en cuando?

Es una pregunta muy difícil. Me he pasado la noche sin dormir, intentando encontrar alguna cosa buena de los hombres, pero debo admitir que no se puede decir nada. Lo puedes ver con tus propios ojos.

Una periodista de una revista femenina está entrevistando a un famoso general británico sobre su vida sexual.

—Perdone, señor —comienza—, ¿puede recordar la última vez que tuvo relaciones con su mujer?

El hombre se siente amedrentado un momento pero luego dice:

—Sí, claro que lo recuerdo, en 19..., 45.

Después de un instante de silencio la mujer dice:

—Hace mucho tiempo de eso.

El general echa una mirada a su reloj y le contesta:

—No tanto, en realidad. Sólo son las 21..., 49.

El hombre es un ser extraño. Si alguien encuentra algo agradable de los hombres, que me informe, por favor. Acepto mi fracaso totalmente.

En el mundo hay tantos conflictos a causa de la energía masculina y su dominación. Es necesario que se equilibre. No estoy diciendo que no sea necesaria la energía masculina; es necesaria, pero en una proporción. Ahora mismo, el 99 por 100 de la energía es masculina y la mujer está marginada. No se encuentra en la corriente principal de la vida, por eso hay rivalidad, esfuerzo, lucha, guerra. Esta energía ha llevado a la humanidad al borde del suicidio total. Puede suceder en cualquier momento, a menos que se libere la energía femenina para equilibrarlo. Es la única esperanza.

Se puede evitar la tercera guerra mundial si se libera la energía femenina en el mundo para equilibrar la energía masculina; de lo contrario, no hay escapatoria. No se puede impedir por medio de manifestaciones y protestas contra la guerra, ¡porque eso también es energía masculina! ¿Os habéis fijado en los manifestantes? Son más violentos que nadie, y las marchas por la paz se convierten en un altercado. Antes o después están quemando autobuses o lanzando piedras a la policía. Están ahí gritando a favor de la paz, pero dentro de su propio grito hay guerra.

La energía masculina puede hablar de la paz, pero sólo sabe prepararse para la guerra. No hace más que decir que tenemos que luchar para defender la paz. Fijaos qué absurdo: tenemos que ir a la guerra; de lo contrario, no habrá paz en el mundo. Para alcanzar la paz, nos vamos a la guerra. Así hemos estado provocando guerras a través de los tiempos, pero la paz no ha llegado. En tres mil años, el hombre ha luchado en cinco mil guerras. No pasa ni un solo día sin que no haya una guerra en un sitio u otro. A veces es Vietnam, a veces Israel, a veces Cachemira, a veces otro lugar, pero la guerra continúa. Y no sólo es cuestión de cambiar la ideología política del mundo, eso no vale de nada porque todas esas ideologías son masculinas.

Se tiene que liberar la energía femenina. Eso puede aportarnos equilibrio. Se ha descuidado demasiado la luna, el sol ha destacado demasiado. Hay que devolver la luna a la vida. Y junto con la luna no sólo está la mujer, está también la poesía, la estética, el amor; todas las cosas que pertenecen al corazón proceden de la luna. Todo lo intuitivo se nutre de la luna.

Recuérdalo. En todos los seres, sea hombre o mujer, existen ambas energías: el sol y la luna. Hay que poner énfasis en la luna. Nos hemos inclinado demasiado hacia el sol; nos está destruyendo. Para mantener el equilibrio nos tenemos que inclinar hacia el lado opuesto, y poco a poco, llegaremos a estar exactamente en el medio, la luna a un lado, el sol al otro lado, pero iguales. Declaro iguales al hombre y la mujer, no por razones políticas: los declaro iguales por una razón existencial. Tienen que ser iguales; si no, la vida será destruida.

De modo que tienes que encontrar a la mujer que hay dentro de ti. Aliméntala, nútrela, ayúdala a crecer. No te sientas avergonzado y no pienses «soy un hombre». Nadie es un hombre o una mujer solamente; ambos son las dos cosas. Tiene que ser así: tu padre ha contribuido a la mitad de tu ser y tu madre a la otra mitad. Eres el encuentro de esas dos energías. No puedes ser sólo un hombre, no puedes ser sólo una mujer.

Asimila a la mujer, realza y ayuda a la mujer; vuélvete más suave, receptivo, pasivo, amoroso. Porque la meditación sucede sin dificultad cuando eres pasivo. No es abordar la vida de una forma activa. Es esperar abierto. La meditación llega, no la puedes apresar, no la puedes conquistar. Tienes que rendirte a ella. Ese es el significado de lo femenino...

En un grupo de terapia que hice recientemente descubrí que estaba lleno de violencia y de miedo hacia las mujeres. Tengo la impresión de que el miedo a las mujeres está relacionado con mi propio nacimiento, que volví a experimentar en el grupo y que fue muy doloroso para mí.

Son interdependientes y están relacionados. El miedo a las mujeres es, básicamente, el miedo a la madre. Y todo el mundo tiene que reconciliarse con la madre. Si no lo haces, no podrás reconciliarte con ninguna mujer, porque todas las mujeres te recordarán a tu madre. Algunas veces no será consciente, pero te tocará a nivel inconsciente.

Actualmente, todos los nacimientos son dolorosos. La civilización ha destruido por completo el nacimiento natural. Los niños no nacen naturalmente. La madre está tan tensa que no colabora en el proceso del nacimiento. De hecho, lo empieza a obstruir. No le permite salir al niño. Empieza a cerrar su vientre.

Esto está en consonancia con la vida tensa que vivimos. La idea moderna, la idea en la que se basa toda la ansiedad, es que tenemos que luchar con la vida y con la naturaleza. De modo que no te ocurre especialmente a ti. Todos los niños han padecido, de un modo u otro, el nacimiento. La única forma es revivirlo, volver a hacerlo completamente consciente. Cuando lo puedas vivir conscientemente, podrás entender y perdonar a tu madre, porque la pobre mujer estaba sufriendo. No es que te haya hecho algo a ti, ella misma era una víctima. Nadie tiene la culpa porque toda la situación es culpable. Estaba cargada con su propio nacimiento y lo volvió a representar contigo. Era la única manera en que sabía hacerlo.

Por eso una vez que te das cuenta, que te vuelves consciente, despierto, puedes perdonar. No sólo eso, sino que podrás sentir compasión por ella. Cuando surge dentro de ti la compasión por tu madre, la reconciliación ha sucedido. Entonces no estarás lleno de rencor, y renunciar al rencor te ayudará a relacionarte con las demás mujeres. No tendrás miedo; serás amoroso.

La mujer es uno de los fenómenos más bellos de la tierra; no se puede comparar con nada. La mujer es la obra maestra de Dios. Si tienes miedo de las mujeres, tendrás miedo de Dios, tendrás miedo del amor, de la oración. Tendrás miedo de todo lo bello, porque la mujer personifica la belleza y la gracia.

Cuando esto suceda —que empieces a fluir hacia la energía femenina a tu alrededor— desaparecerá tu violencia. La violencia no es nada más que la energía que se tiene que convertir en amor, y no lo está haciendo. La violencia es amor no vivido. Una persona violenta tiene demasiada energía de amor y no sabe cómo liberarla.

El amor es creativo, la violencia es destructiva, y la energía creativa se convierte en destructiva si no la usas. El grupo te ha hecho consciente de cosas hermosas, muy significativas.

Hay mucha gente que viene a verme porque tiene miedo de las mujeres, mucho miedo. Debido a ese miedo, no pueden establecer una relación importante, no se pueden relacionar; el miedo siempre está ahí. Si tienes miedo, la relación se corromperá con el miedo. No podrás actuar con totalidad. Te relacionarás a medias, con miedo: el miedo a ser rechazado, el miedo a que la mujer pueda decir no.

Y hay otros miedos. Si un hombre repite «no tengo miedo de las mujeres y cada día estoy mejor», si prueba este método, podrá reprimir momentáneamente el miedo, pero seguirá estando ahí y volverá a aparecer una y otra vez.

El hombre que tiene miedo de las mujeres revela que ha tenido una experiencia con la madre que le ha causado miedo, porque la madre es la primera mujer. Durante tu vida te puedes relacionar con muchas mujeres como esposa, amante, hija, hermana, amiga, pero prevalecerá la imagen de la madre. Es tu primera experiencia. Toda la estructura de tu relación con las mujeres se basará en esos cimientos, que son la relación con tu madre. Si un hombre tiene miedo de las mujeres tiene que volver hacia atrás, tiene que retroceder en la memoria, volver y encontrar el origen del miedo. Puede ser un incidente cualquiera, de poca importancia, tal vez lo haya olvidado completamente. Pero si retrocede, encontrará la herida en algún lugar.

Querías que tu madre te amase, como cualquier niño, pero tu madre no estaba interesada. Era una mujer ocupada; tenía que participar en numerosas asociaciones, clubes, esto y aquello. No estaba dispuesta a darte el pecho porque quería tener un cuerpo proporcionado. Quería que sus pechos estuviesen intactos y no destrozados por ti. Quería que sus pechos siempre pareciesen jóvenes, por eso se negó a darte el pecho. O quizá tuviera otros problemas en su mente: tal vez no eras un niño deseado. Has venido como una carga, nunca te han deseado. Falló la píldora y naciste tú. O quizá odiaba a su marido y tú tenías la misma cara..., un odio profundo, por una razón u otra. Pero tienes que retroceder y volverte a convertir en un niño.

Recuerda que no se pierde ninguna etapa de la vida. Tu niño todavía está en tu interior. No es que el niño se convierta en un joven, no. El niño se queda dentro, el joven se implanta encima y después se implanta el viejo encima del joven, una capa tras otra. El niño nunca se convierte en un joven. El niño permanece ahí, cubierto por una capa del joven. El joven nunca se hace viejo; hay otra capa de vejez, que lo cubre. Te conviertes en una especie de cebolla —con muchas capas— y si profundizas, todas las capas siguen ahí intactas.

La terapia primaria ayuda a la gente a retroceder y a convertirse de nuevo en niños. Patean, lloran, gimen, gritan, y el grito ya no pertenece al presente. No pertenece al hombre actual, sino al niño que está escondido detrás. Cuando surge ese grito, el grito primario, muchas cosas se transforman inmediatamente.

Esto es parte del método del *prati prasav*. Patanjali, hace cerca de cinco mil años, enseñó un sistema por el que había que reconducir cada efecto hasta su causa. Solamente se puede resolver la causa. Cuando cortas las raíces, el árbol morirá. Pero no puedes cortarle las ramas y esperar a que muera. El árbol resurgirá aún más.

Prati prasav es una hermosa palabra; *prasav* significa nacimiento. Cuando nace un niño se llama *prasav*. *Prati prasav* significa que vuelves a nacer en la memoria, retrocedes hasta el mismo nacimiento, al trauma del nacimiento, y lo vuelves a revivir. Ten en cuenta que no lo recuerdas, sino que lo vives, lo vuelves a vivir. Recordar es otra cosa. Puedes recordar, puedes sentarte en silencio, pero sigues siendo el mismo hombre: recuerdas que eras un niño y tu madre te pegó fuerte: la herida sigue estando ahí, pero es un recuerdo. Estás recordando un incidente como si le hubiese ocurrido a otra persona. Revivirlo se llama *prati prasav*. Revivirlo significa que te conviertes de nuevo en un niño. No es que lo recuerdes; te *vuelves* un niño, lo vuelves a vivir. Tu madre no te está pegando en tu recuerdo, te vuelve a pegar ahora mismo: la herida, la rabia, el antagonismo, tu espalda encogida, el rechazo y tu reacción, como si todo estuviese volviendo a pasar. Esto es *prati prasav*.

Esto no es sólo la terapia primaria, sino un método para cualquier buscador que esté buscando una vida llena de verdad.

El mendigo

¿Por qué siempre estoy mendigando atención?
¿Qué puedo hacer acerca de esto?

Pedir atención es una de las debilidades humanas, una debilidad profundamente arraigada. Las personas piden atención porque no se conocen a sí mismas. Uno sólo puede verse la cara en los ojos de los demás, puede encontrar su personalidad en las opiniones de los demás. Lo que los demás dicen tiene una importancia enorme. Si le rechazan, le ignoran, se siente perdido. Si pasas y nadie se fija en ti empezarás a perder lo que has conseguido reunir: tu personalidad. Es algo que tú has creado. No la has descubierto, no es natural. Es artificial y arbitraria.

No solamente tú eres un mendigo de atención; casi todo el mundo lo es. Y esta situación no cambiará a menos que descubras tu auténtico ser, que no depende de la opinión, atención, crítica o indiferencia de nadie; que no tiene nada que ver con los demás. Como hay muy pocas personas que han sido capaces de descubrir su realidad, todo el mundo está lleno de mendigos. En el fondo todos estáis tratando de que os presten atención; es el alimento de vuestra personalidad. Incluso es aceptable que la gente te censure, te critique o esté en tu contra; por lo menos te están prestando atención. Claro, es mucho mejor si son amigables, respetuosos; pero tu personalidad no puede sobrevivir si no te dan algún tipo de atención. Puede ser negativa o positiva, eso no importa. La gente tiene que hablar de ti; sean respetuosos o no, están satisfaciendo el mismo propósito.

Me gustaría que pensaras acerca de la palabra *respeto*. No quiere decir honor, que es lo que dicen sin excepción todos los diccionarios. Respeto significa simplemente volver a mirar, respeto. Si pasando por un camino alguien se vuelve a mirarte..., le has llamado la atención, eres alguien. Eres capaz de hacer cualquier tontería para llamar la atención porque el respeto te da la impresión de ser alguien especial.

A lo largo de los tiempos, la gente ha tratado de llamar la atención de mil y una maneras. No son maneras necesariamente racionales, por ejemplo, los *punkis* de Occidente. ¿Qué quieren realmente cuando se cortan el pelo de una forma rara y excéntrica, y después lo pintan con colores psicodélicos? ¿Qué están pidiendo? Son mendigos. No deberías enfadarte con ellos, porque eso es lo que quieren provocar. No deberías condenarlos, porque eso es lo que quieren. Sus padres no deberían criticarlos, porque eso es lo que quieren. No pueden sobrevivir sin que la gente les preste atención.

En el pasado, la gente ha hecho cosas que no os podríais imaginar. Se han desnudado... ¿Qué necesidad tenían Mahavira o Diógenes de estar desnudos? Para el hombre ya no es natural estar desnudo en todas las estaciones; hace mucho tiempo que perdió esa capacidad. Los animales están desnudos pero tienen una inmunidad natural. En invierno les crece el pelo; en verano, con el calor, se les cae el pelo. La naturaleza les ha dado una protección. El hombre disponía de la misma protección, pero es un ser inteligente y puede perfeccionar la naturaleza. Encontró formas de cubrir su cuerpo según las estaciones. Naturalmente, su cuerpo ha perdido el crecimiento natural del vello. Pero estar desnudo..., tu cuerpo no puede crear de repente un mecanismo para protegerte.

Sé que Mahavira y Diógenes eran seres singulares, pero creo que tenían ciertas dudas sobre su singularidad. Confirmaron esa sospecha, esa deficiencia al desnudarse, porque es imposible no llamar la atención estando desnudo en un mundo donde todo el mundo va vestido. La persona desnuda se mantiene apartada. Es inevitable..., es casi irresistible mirarle, preguntarle: «¿Qué te ocurre?». Pero su desnudez se convirtió en algo espiritual; empezaron a ser respetados precisamente porque estaban desnudos. La desnudez no es una cualidad, una habilidad o algo creativo; todos los animales, los pájaros y los árboles están desnudos.

Todavía hay monjes jainistas en India aunque no quedan más de veinte. Solía haberlos a millares, pero no es fácil encontrar tanta gente estúpida. Cuando se muere un monje jainista no es reemplazado, de modo que va disminuyendo su número. Sólo quedan unos veinte en toda la India..., y yo he visto muchos; no dan ninguna muestra de inteligencia, no tienen cualidades de silencio ni reflejan ninguna alegría. Tienen un rostro triste, apagado, adormilado. Están sufriendo, se están torturando por la sencilla razón de que así llaman la atención de la gente.

El hombre es capaz de cualquier cosa, por tonta que sea, para llamar la atención. En Rusia, antes de la revolución, había una secta cristiana que tenía la costumbre de cortarse los genitales en público un día particular del año..., y tenía miles de seguidores. El único requisito para ser espirituales es que se hubiesen cortado los genitales. Cuando llegaba la fecha se reunían en el patio de una iglesia, se cortaban los genitales y los amontonaban. Y había miles de personas que iban a ver esta estupidez. Las mujeres no se quedaban atrás..., tenían un inconveniente, claro, porque no tienen genitales que cuelguen hacia fuera para cortarlos; sus genitales están dentro del cuerpo. Se empezaron a cortar los pechos..., no querían ser menos. Se trataba de un asunto chapucero y sanguinolento, pero la gente se postraba a sus pies, les alababan, y lo único que habían hecho era un desagradable acto contra la naturaleza y contra ellos mismos.

¿Qué es lo significativo de que un hombre haga un ayuno? Mahatma Gandhi utilizó esta estrategia durante toda su vida: lo único que pretendía era llamar la atención de toda la nación. Y si decidía ayunar hasta morir, llamaría la atención de todo el mundo inmediatamente. De lo contrario, no hay ninguna espiritualidad en el hecho de ayunar: hay millones de personas que se mueren de hambre. En los próximos diez, doce años, morirán millones de personas de inanición. Nadie les va a honrar o respetar. ¿Por qué? Porque su inanición es inevitable. No están muriéndose de hambre por voluntad propia sino porque no tienen comida; sólo son gente pobre y famélica.

Pero Mahatma Gandhi tenía todo lo que necesitaba, aunque vivía como un pobre. Uno de sus seguidores más próximos, una mujer muy inteligente, Sarojini Naidu, había presentado un informe con pruebas de que mantener a Mahatma Gandhi pobre costaba una fortuna. No se trataba de una pobreza sencilla; era un espectáculo manipulado.

No podía beber leche de búfalo porque es rica en vitamina A y en otras vitaminas. No podía beber leche de vaca porque también es demasiado rica, y la gente pobre no se lo puede permitir. Sólo podía beber leche de cabra porque es el animal más barato y los pobres se lo pueden permitir. Pero os sorprenderéis al saber que ¡bañaban a su cabra dos veces al día con pastillas de jabón Lux! La comida de su cabra consistía en un alimento tan nutritivo del que incluso un hombre rico podría sentir envidia. ¡Qué mundo más injusto! A la cabra le daban de beber leche de vaca. Su comida consistía en anacardos, nueces, manzanas y otras frutas nutritivas; no se sustentaba con pasto. Su alimentación, en aquellos tiempos, costaba diez rupias diarias; diez rupias diarias en aquella época eran suficiente para que una persona se mantuviese un mes.

Y Gandhi viajaba en tercera clase. Naturalmente, estaba llamando la atención... ¡un hombre importante que viaja en tercera! Pero nadie se daba cuenta de que el compartimento de tercera clase que podía transportar, por lo menos, a sesenta viajeros, transportaba a una sola persona; resultaba mucho más caro que un compartimento con aire acondicionado. Pero esto llamaba la atención.

Empezó a usar la ropa que usan los campesinos en India..., que son el 80 por 100 de la población. Como empezó a utilizar ropa de campesino —la parte superior del cuerpo está desnuda, la parte inferior sólo va envuelta en un trozo de tela— los pobres de este país empezaron a tenerle mucho respeto y a llamarle *mahatma*, el gran espíritu. Pero he estado analizando su vida a fondo. No encuentro un gran espíritu; ni siquiera he encontrado un pequeño espíritu; sólo hace política en el nombre de la religión. Sabía perfectamente que en India sólo se puede influir por medio de la religión, cantaba cantos devocionales todos los días, por la mañana y por la noche, pero sólo lo hacía para llamar la atención.

La atención nutre al ego de una forma desmesurada.

Si la religión es atractiva, los políticos fingen ser religiosos. Como necesitan atención, toda su personalidad es falsa. Depende de cuánta gente les sigue; depende del número de personas que están atentas. Es una política de números.

El Papa católico está contra el control de la natalidad y contra el aborto, no porque esté siendo compasivo al decir «es una crueldad absoluta y una violencia», ni porque esté a favor de la vida; toda la actitud católica va en contra de la vida. Entonces, ¿a qué se debe tanta insistencia en que no haya control de la natalidad ni abortos? Porque esta es la única forma de aumentar el número de católicos, y la única forma de que el resto de la gente sea tan pobre que tenga que sumarse al rebaño del imperio católico.

Ahora que hay tantos huérfanos en India, los católicos tienen una buena oportunidad. Y uno se pregunta..., una mujer como la madre Teresa recibe el premio Nobel, es premiada con doctorados en numerosas universidades hindúes, recibe premios del gobierno hindú, todo esto porque está cuidando a los huérfanos. Pero nadie sabe que ese cuidado consiste en convertirlos al catolicismo. Naturalmente, la madre Teresa no puede estar a favor del control de la natalidad..., ¿de dónde sacaría a los huérfanos?

El cristianismo no puede estar a favor de un mundo rico. Los científicos declaran continuamente que hemos llegado a un punto de progreso tecnológico, donde nadie debería pasar hambre, estar famélico o morir a causa de la escasez de alimentos. Esto no había sido posible con anterioridad, pero ahora los científicos dicen que podemos alimentar con facilidad a cinco mil millones de personas, o incluso más..., pero estas voces son silenciadas. Los políticos no les prestan atención porque también están interesados en tener muchos seguidores.

Vuestros así llamados líderes religiosos y políticos necesitan llamar la atención, necesitan ver sus nombres y fotos en el periódico continuamente, porque si los periódicos se olvidan de algún nombre durante unos meses, la gente también se olvidará de esa persona. ¿Qué ha sido de Richard Nixon? ¿Dónde estará el pobre diablo? Una vez fue el hombre más importante, el hombre más poderoso de la tierra, y ahora no volverás a oír hablar de él hasta el día que se muera, y sólo aparecerá en la tercera o cuarta página de los diarios, en una pequeña columna. ¿Qué les pasa a todos los poderosos? En cuanto la gente deja de prestarles atención, empieza a desaparecer su personalidad.

He conocido a muchos líderes políticos de este país. Probablemente en este país haya más ex ministros, ministros en jefe y gobernadores que en ningún otro. En cuanto se vuelven «ex» están acabados. Entonces la gente ya no les presta atención, nadie les pide que vayan a inaugurar puentes, líneas de ferrocarril, hospitales, colegios. Ningún periódico se preocupa de dónde están, si están vivos o muertos. Y hubo un día que estaban en los periódicos, en la radio y en la televisión a todas horas.

Mendigar la atención no es solamente tu problema; es una realidad humana. Y el motivo es que dependes de tu personalidad, que es falsa y ha sido creada por la sociedad, y esta te la puede arrebatar. No dependas de ella. No está en tus manos. Lo que está en tus manos es tu propia individualidad. ¡Descúbrela! Y la ciencia para descubrirlo se llama meditación.

Cuando te conoces a ti mismo ya no te importan los demás. Si el resto del mundo te olvidara, no te importaría, no tendría la menor importancia; o el mundo entero puede conocerte..., pero eso tampoco te daría un ego. Sabes que el ego es falso, y depender de lo falso es hacer castillos de arena, sin cimientos. Vuestras personalidades son casi como firmas en el agua. No has terminado de firmar y ya ha desaparecido.

Un grupo de madres judías estaban tomando café y jactándose de sus hijos. Una de ellas tenía un hijo de cuatro años que ya sabía leer. La otra tenía un hijo de cinco años que ya había salido en la televisión.

Entonces habló Becky Goldberg y dijo:

—Pues eso no es nada. ¿Veis a mi Jaimito? Sólo tiene cinco años y el otro día ¡se fue solito al psiquiatra!

Una mujer de mediana edad le confesó al sacerdote que creía que se estaba volviendo presumida.

—¿Qué se lo hace pensar? —preguntó el sacerdote.

—Porque —replicó la mujer— cada vez que me miro al espejo me siento inspirada por mi belleza.

—No se preocupe —dijo el sacerdote—, eso no es pecado, ¡eso es una equivocación!

Hubo una gran reunión de la sociedad médica en honor de un otorrinolaringólogo que se iba a jubilar después de cincuenta años de servicio. De regalo, le dieron una oreja de oro.

Se levantó para pronunciar un discurso y tras el aplauso se quedó callado, miró su regalo y dijo:

—¡Menos mal que no me hice ginecólogo!

¡No dependas de los demás! Sé un ser independiente. Escucha tu voz interna.

En el momento en que empiezas a acallar y a silenciar tu mente podrás escucharla, no es difícil. Y cuando digo que no es difícil, lo digo con absoluta autoridad: ¡No es difícil! Si me ha sucedido a mí, te puede suceder a ti, no hay ninguna diferencia. Todos los seres humanos tienen en potencia la capacidad de conocerse a sí mismos. Y cuando te conoces a ti mismo nadie te puede arrebatar tu individualidad. Aunque te maten sólo matarán tu cuerpo, no a ti.

El individuo es la única persona que se puede liberar de su estado de mendicidad; de lo contrario, seguirás siendo un mendigo toda tu vida. Pero si quieres dejar de mendigar tendrás que renunciar al ego y a la personalidad. Tendrás que aprender que no hay nada en la honra, la reputación o la respetabilidad. Son palabras falsas, sin significado, sin contenido. La realidad te pertenece, pero si no la descubres tendrás que depender de los demás.

Sois emperadores pero os tenéis que descubrir a vosotros mismos. Y este descubrimiento no es complicado: tu reino está en tu interior. Sólo tienes que aprender a cerrar los ojos y mirar hacia dentro. Un poco de disciplina, un poco de aprendizaje para no estar siempre enfocado hacia fuera, sino para poder volverte hacia dentro una o dos veces al día, cuando tengas tiempo... Poco a poco empezarás a ser consciente de tu ser eterno. Entonces la idea de atención desaparece sin más. El milagro es que un día ya no necesitarás que te presten atención, la gente sentirá tu carisma, porque el carisma es la radiación de tu propia individualidad. Empiezan a sentir que eres especial, único..., aunque no puedan señalar en qué consiste tu singularidad, qué es eso que atrae como un imán.

Las personas que se han descubierto a sí mismas se encuentran con el hecho de que atraen a miles de personas, aunque no lo estaban buscando.

El *playboy*

Estoy metido en un buen lío: quiero a tres mujeres.
Esto es un infierno y ya dura tres meses.
¿Qué puedo hacer ahora?

¡Debes de ser todo un hombre! Una mujer es suficiente.
¡Necesitas protección legal! Pero si ya lo has tolerado pacientemente desde hace tres meses, espera un poco más. El tiempo lo asienta todo. Y las mujeres siempre son más perceptivas que los hombres; si tú no puedes hacer nada, seguro que, inevitablemente, lo harán ellas.

Juan y María empezaron a hacer el amor en el badén de las vías del tren. A medida que se iban animando fueron cayendo hacia las vías por las que venía un tren rápido.

El conductor, viendo los dos cuerpos sobre las vías, detuvo el tren justo a tiempo. Ahora bien, retrasar un tren es un delito grave y durante el juicio el juez pidió una explicación.

—Mira, Juan —dijo el juez—, yo soy un hombre de mundo y comprendo que tu amiga y tú quisierais divertiros. Pero ¿por qué no os apartasteis de la vía del tren?

—Bueno, esto es lo que pasó, su señoría —dijo Juan—; yo estaba llegando, el tren estaba llegando y

María estaba llegando, así que pensé el que pueda parar que pare.

¿Es esto una bendición? Después de pasar mucho tiempo solo, me he enamorado de tres mujeres a la vez. Al principio era fácil, pero en cuanto intenté profundizar en una relación, o yo salía corriendo hacia la siguiente, o ella quería estar con otra persona. Por supuesto, volvió a suceder lo mismo en cuanto sintonicé con otra de las mujeres. De modo que la alegría y el sufrimiento están muy próximos, y me pregunto ¿estaré evitando algo?

¿No te parece que tres es más que suficiente? ¿Te parece que estás evitando la cuarta? Una mujer es bastante para crear un infierno, y me estás preguntando *«¿Es esto una bendición?»*. Debe de ser una maldición disfrazada.

—¿Qué le ha pasado a Santiago? Hace tiempo que no le veo.

—¡Ah! Se casó con la chica que rescató cuando se ahogaba.

—¿Y está contento?

—¡Tú dirás! Pero ya no le gusta el agua.

Debes tener un gran espíritu..., tan inconsciente que ni siquiera tres mujeres te pueden alterar, o tan iluminado que *«¿a quién le importa?»*.

Una noche, volviendo a casa del trabajo, tres compañeros de viaje se hicieron amigos en el vagón restaurante, y después de tres rondas empezaron a jactarse de las excelencias de sus respectivas parejas conyugales.

El primero afirmó orgullosamente:

—Mi mujer viene a buscarme a la estación todas las noches, y llevamos diez años casados.

—Eso no es nada —dijo el segundo mofándose—. Mi mujer también viene a buscarme, y llevamos veinte años casados.

—Muchachos, os he ganado a los dos —dijo el tercer viajero, que obviamente era el más joven del grupo.

—¿Cómo has llegado a esa conclusión? —quiso saber el primero.

—¡Supongo que tú también tienes una mujer que viene a buscarte todas las noches! —dijo despectivamente el segundo.

—Correcto —dijo el tercer viajero—, y ni siquiera estoy casado.

Tres mujeres, ¡y ni siquiera estás casado! Te van a usar de balón. Y estás preguntando, «*¿Es esto una bendición?*»... con interrogación, por supuesto. Ten un poco más de cuidado. Este sitio es peligroso para la gente como tú. Aquí hay tantas mujeres que, si sigues así, pronto no quedará nada de ti y habré perdido innecesariamente a un discípulo. Piensa también en mí.

Weinstein, un empresario muy rico, tenía una hija muy fea. Encontró un hombre joven para casarla, y en diez años tuvieron dos hijos.

Un día, Weinstein llamó a su yerno a la oficina:

—Escucha —dijo—, me has dado dos nietos preciosos, me has hecho muy feliz. Te voy a dar el 45 por 100 de la empresa.

—¡Gracias, papi!

—¿Puedo hacer alguna otra cosa por ti?

—Sí, ¡cómprame mi parte!

Estoy dispuesto a comprarte a cualquier precio. ¡Pregúntale a tus tres mujeres!

El amor es importante, es una buena situación de aprendizaje, pero sólo es un aprendizaje. Una escuela es suficiente, tres es demasiado. Y con tres mujeres no podrás aprender mucho porque ¡con tanta actividad! Es mejor estar con una mujer para que puedas ser uno con ella totalmente, para que puedas entender sus deseos y los tuyos más claramente, para estar menos preocupado, atormentado, porque al principio el amor sólo es un fenómeno inconsciente. Es biológico, no es demasiado valioso. Sólo si le pones tu consciencia, sólo cuando te vas volviendo más meditativo acerca de él empieza a parecerte valioso, empiezas a surcar los cielos.

La intimidad con una mujer o un hombre es mejor que las relaciones superficiales. El amor no es una flor de temporada, tarda años en crecer. Y sólo cuando crece va más allá de la biología y comienza a contener algo espiritual. Estar con muchas mujeres o muchos hombres te hará superficial..., distraído tal vez, pero superficial; ocupado indudablemente, pero es una ocupación que no te va a ayudar en tu crecimiento interior.

Pero una relación de uno a uno, una relación duradera en la que os podáis entender mejor, es enormemente beneficiosa. ¿Por qué ocurre esto? ¿Qué necesidad hay de entender mejor a la mujer o al hombre? La necesidad es que todos los hombres tienen una parte femenina en su ser, y todas las mujeres tienen una parte masculina. La única forma de entenderla, la forma más fácil, la más natural, es estar en una relación íntima con alguien. Si eres un hombre debes estar en una relación íntima con una mujer. Deja que crezca la confianza para que caigan todas las barreras. Acercaos el uno al otro tanto para que puedas mirar profundamente a la mujer y la mujer te pueda mirar profundamente. No seáis falsos con el otro.

Y cuando tienes tantas relaciones tienes que ser falso, tienes que mentir continuamente. Tendrás que mentir, no podrás ser sincero, tendrás que decir cosas que no sientes..., y todas sospecharán. Es muy difícil que una mujer tenga confianza en ti si tienes alguna otra relación. Es fácil engañar a un hombre porque vive a través del intelecto; pero es muy difícil, es casi imposible engañar a una mujer porque vive intuitivamente. No podrás mirarle a los ojos; tendrás miedo de que te lea los pensamientos, y todos los engaños que estás escondiéndole, tantas mentiras.

De modo que si tienes muchas relaciones no podrás bucear en las profundidades del alma de la mujer. Y es lo único que necesitas, conocer tu parte femenina interna. La relación se convierte en un espejo. La mujer se mira en ti y empieza a encontrar su parte masculina, el hombre se mira en la mujer y empieza a descubrir su propia femineidad. Y cuanto más consciente te haces de tu parte femenina —el polo contrario—, más íntegro podrás ser, más equilibrado. Cuando tu hombre y tu mujer interiores desaparezcan el uno en el otro, se disuelvan, cuando ya no haya separación, cuando se hayan convertido en uno solo, te habrás convertido en un individuo. Carl Gustav Jung lo denomina proceso de individualidad. Tiene razón, ha escogido la palabra acertada. Y lo mismo le sucede a la mujer.

Pero mariposear con mucha gente te hará superficial, te mantendrá distraído, ocupado, pero no crecerás; y a fin de cuentas, lo único que importa es el crecimiento, el crecimiento de la armonía, de la individualidad, de tu centro. Ese crecimiento precisa que conozcas a la otra parte. El planteamiento más sencillo es conocer primero a la mujer en el exterior, para que puedas conocer a la mujer interior.

Como un espejo —el espejo refleja tu cara, te muestra tu cara—, la mujer se convierte en tu espejo, el hombre se convierte en tu espejo. El otro refleja tu rostro, pero si tienes alrededor tantos espejos, y estás corriendo de un espejo a otro, y engañando a cada espejo con el otro, será un caos, te volverás loco.

Te enamoras de una mujer porque es algo nuevo: la psicología, las proporciones de su cuerpo, su cara, sus ojos, sus cejas, el color de su pelo, su forma de caminar, su forma de volverse, su forma de decir hola, su forma de mirar. Todo es nuevo, un territorio desconocido: te encantaría explorar este territorio. Es tentador, muy tentador, estás atrapado, hipnotizado. Y cuando comienzas a acercarte, ella se escapa; forma parte del juego. Cuanto más se aleja, más encantadora te parece. Si te dijese simplemente: «Sí, estoy dispuesta», mataría en ese mismo instante la mitad de tu entusiasmo. De hecho, empezarías a pensar en huir. De modo que te da la oportunidad de perseguirla. La gente nunca está tan contenta como durante el cortejo —muy felices— porque la persecución continúa. El hombre básicamente es cazador, de modo que cuando persigue a la mujer que se escapa, intentando esconderse aquí o allá, evitándole, diciéndole que no, el hombre se excita más y más. Es un desafío intenso; tiene que conquistar a la mujer. Ahora sería capaz de morir por ella o lo que hiciera falta, pero tiene que conquistarla. Tiene que demostrar que no es un hombre corriente.

Pero en cuanto se han casado, entonces todo..., el interés estaba en la persecución, en lo desconocido, en que la mujer aparentemente era inconquistable. Pero ahora está conquistada; ¿cómo puede sobrevivir el antiguo interés? Como mucho, puedes disimular, pero el antiguo interés no puede continuar. Las cosas se empiezan a enfriar. Se empiezan a aburrir el uno del otro porque ahora hay otras mujeres que vuelven a ser nuevos territorios: te atraen, te llaman, te provocan.

Lo mismo ocurre con los pensamientos: estás encanta-
do con una clase de pensamiento, pero cuando te has acostumbrado se acaba la luna de miel, se acaba el amor. Ahora te gustaría estar interesado en otra cosa, en algo nuevo
que te emocione, te estimule.

De este modo vas de una mujer a otra, de un hombre a
otro. Este tipo de búsqueda no te dejará tiempo para que
aparezca la confianza.

El novio

Mi novia me ha dicho que soy un poco aburrido,
que no soy muy «jugoso», que soy muy
dependiente y me hago la víctima. He observado
en mí esta energía destructiva y siento que
de alguna forma ¡la disfruto! ¿Es posible usar esta
misma energía de algún modo creativo?

Tu novia es muy compasiva porque los hombres finalmente no se vuelven un poco aburridos, sino muy aburridos. ¿Te das cuenta del hecho de que lo que tú llamas amor
es una repetición de los mismos ejercicios gimnásticos una
y otra vez? Y en este estúpido juego el hombre es el perdedor. Está disipando su energía, sudando, soplando y re-
soplando mientras la chica mantiene los ojos cerrados,
pensando: «Es sólo cuestión de dos o tres minutos y esta
pesadilla habrá terminado».

La gente es tan poco imaginativa que dan por supuesto
que repetir las mismas acciones las va a hacer más intere-
santes. Por eso digo que tu novia es muy compasiva; sólo
te ha dicho que eres un poco aburrido. Yo te digo que eres
completamente aburrido.

Cuando los misioneros cristianos llegaron a este país,
la gente descubrió que ellos sólo conocían una postura
para hacer el amor: la mujer debajo y esas horribles bestias

encima de la delicada mujer. En India esa postura se llama
la postura del misionero. India es un país antiguo y el lugar
de nacimiento de muchas ciencias, en particular de la se-
xología. Hay un libro de una importancia tremenda, escrito por Vatsayana, que tiene más de cinco mil años. El nombre del libro es *Kamasutra*, instrucciones para hacer el
amor. Y lo escribió un hombre de una profunda meditación; inventó ochenta y cuatro posturas para hacer el
amor. Naturalmente, hay que ir cambiando la forma de hacer el amor; si no, inevitablemente, serás un aburrido.

Vatsayana reconoce el hecho de que la misma postura
sexual crea aburrimiento, una sensación de total estupidez,
porque siempre estás haciendo lo mismo. Él inventó
ochenta y cuatro posturas para hacer que la vida sexual de
las parejas fuese un poco más interesante. No hay nadie en
todo el mundo que haya escrito un libro del calibre del *Kamasutra*. Pero sólo podía ser escrito por un hombre de inmensa claridad, de profunda meditación.

¿Cuál es tu forma de hacer el amor? Si te fijas en cómo
haces el amor, tú mismo notarás que es aburridísimo. Y especialmente para la mujer, porque el hombre acaba en dos
o tres minutos y la mujer ni siquiera ha empezado. En todo
el mundo, las culturas han impuesto en la mente de las
mujeres el que ellas ni siquiera deben disfrutar, moverse o
ser juguetonas; a eso se le llama «sucio»; lo hacen las prostitutas, no las señoras. Las señoras tienen que tumbarse
casi como muertas y dejar que ese viejo haga lo que quiera;
no es nada nuevo, no hay nada nuevo ni siquiera para ver.

No te lo tienes que tomar como una ofensa. Tu novia te
está diciendo algo realmente sincero y honesto. ¿Le has
dado alguna alegría orgásmica? ¿O la has usado sólo para
disipar tu energía sexual? ¿La has reducido a un objeto
más? Ella está condicionada para aceptarlo, pero ni siquiera puede gozar de esta aceptación.

Haces el amor en la misma cama donde peleas cada

día. De hecho, la pelea es el preludio: os tiráis almohadones, os gritáis, discutís sobre cualquier cosa y entonces, cuando estáis cansados, tenéis que negociar. Vuestro amor es sólo una negociación. Si eres un hombre con una sensibilidad estética, tu aposento para el amor debería ser un lugar sagrado, porque es en ese aposento de amor donde nace la vida. Debería tener unas flores bonitas, incienso, fragancia; deberías de entrar en ella con un gran respeto.

Y el amor no debería ser solamente algo abrupto..., agarrar a la mujer. Ese asunto de hacer el amor y salir corriendo no es amor. El amor debería tener un preámbulo con una música bonita, bailar juntos o meditar juntos. Y el amor no debería ser una cuestión mental, estar continuamente pensando en cómo hacer el amor y después irte a dormir. El amor debería implicar un profundo compromiso de todo tu ser y no debería ser planeado por la mente, sino que debería surgir espontáneamente. Una hermosa música, una fragancia, estáis bailando cogidos de las manos, os habéis vuelto niños pequeños jugando con flores... Si el amor sucede espontáneamente en esta atmósfera sagrada tendrá una cualidad diferente.

Deberías entender que la mujer es capaz de tener orgasmos múltiples porque ella no pierde energía. El hombre sólo es capaz de tener un orgasmo y pierde energía, se deprime. Puedes ver su resaca incluso a la mañana siguiente, y cuanto más viejo es, se le hace cada vez más difícil. Esta diferencia tiene que ser entendida. La mujer está en el lado receptivo; así debe ser porque se tiene que convertir en madre, necesita más energía. Pero su orgasmo sucede de una manera totalmente diferente. La sexualidad del hombre es local, como la anestesia local. En una mujer todo el cuerpo es sexual, y a menos que todo el cuerpo comience a temblar de alegría, que cada célula de su ser empiece a estar implicada, no puede tener una explosión orgásmica.

Por eso no es sólo tu caso, esta es la situación de casi el

99 por 100 de las mujeres del mundo. Hay que cambiar esta situación completamente. La mujer no debería estar debajo del hombre. En primer lugar, es feo, el hombre tiene un cuerpo más fuerte, la mujer es más frágil. Ella debería ponerse encima del hombre, y no al revés.

En segundo lugar, el hombre debería permanecer en silencio, inactivo, para que no alcance su orgasmo en dos minutos. Si eres silencioso y dejas que la mujer enloquezca encima de tu pecho, le resultará un buen ejercicio y le llevará a una explosión de energía orgásmica. Su cuerpo tarda un tiempo en calentarse y si no eres inactivo no tiene tiempo suficiente. De modo que os encontráis, pero el encuentro no es algo bello, por amor, sino solamente utilitario.

Intenta hacer con tu novia lo que te estoy diciendo. Sé el compañero inactivo y deja que ella sea la parte activa. Déjale que se desinhiba. No tiene que comportarse como una señora, tiene que comportarse como una auténtica mujer. La señora ha sido inventada por el hombre; la mujer ha sido creada por la existencia. Tienes que llenar la brecha entre sus orgasmos. Esa brecha sólo se puede llenar de una manera, permaneciendo inactivo, silencioso, y disfrutando cuando ella se vuelve loca. Y ella tendrá orgasmos múltiples. Tú deberías finalizar el juego con tu orgasmo, pero no comenzar con él.

Y tu mujer no te dirá que eres un poco aburrido. Le resultarás un tipo interesante, realmente maravilloso ¡que se está comportando como una señora! Mantén los ojos cerrados para que ella no se sienta cohibida por los tuyos. De modo que pueda hacer cualquier cosa: mover las manos, mover su cuerpo, gemir, quejarse, chillar. Hasta que diga *«Hari Om Tat Sat!»* no tienes permiso para estar vivo, permanece en silencio. Esta debería de ser la indicación. *«Hari Om Tat Sat»* sencillamente significa: esta explosión orgásmica es la verdad. Entonces ella se volverá loca por ti. Ahora mismo debes estar comportándote de un modo estúpido, como casi todos los hombres del mundo.

Lo segundo que dices: *«Mi novia me ha dicho que no soy muy jugoso.»* ¡Vuélvete más jugoso![1] Ser más jugoso no es muy difícil. Por todos partes tienes a tu disposición zumos de todo tipo de frutas. Bebe más, toma menos alimentos sólidos. Ella te está dando un buen consejo y tú, en tu estupidez, piensas que te está censurando.

Cuando te dice: *«Eres muy dependiente y una víctima»*, incluso a través de tu pregunta puedo ver que tiene razón. Eres una víctima, igual que el resto de los seres humanos; víctima de estúpidas ideologías que han creado un extraño sentimiento de culpa y no te permiten ser juguetón. Aunque estés haciendo el amor, sabes que estás cometiendo un pecado y que el infierno no está demasiado lejos.

Becky Goldberg le estaba diciendo a Goldberg:

—¡Eres un gran amante!

Goldberg le contestó:

—Nunca me habías dicho eso antes. Estaba esperando que alguien me dijera que soy un gran amante, pero había abandonado la idea porque parece que no lo soy.

Becky Goldberg le respondió:

—¡No, tú eres un gran amante y he querido decírtelo muchas veces, pero no estabas!

Haciéndole el amor a Becky... y Goldberg no está allí, está contando su dinero, haciendo sus cuentas, y con su mente está haciendo mil cosas.

En cada cama en la que hay dos amantes hay, por lo menos —quiero decir como mínimo—, cuatro personas. Hay gente con más imaginación que quizá tengan en la cama a una multitud. La mujer está haciendo el amor con Goldberg y pensando en Mohamed Alí. Goldberg está haciendo

---

1. Jugoso, sinónimo de divertido. Juego de palabras. *(N. de los T.)*

el amor como una obligación y pensando en todo tipo de hermosas actrices; pero su mente no está ahí, ni la de su mujer tampoco. Sus mentes están en sus sueños.

Un hombre le dijo a su amigo:

—La noche pasada tuve un sueño tremendo. Te lo tengo que contar. He estado esperando a que fuera de día para contártelo.

El hombre dijo:

—¿Qué has soñado?

Él contestó:

—En el sueño me fui a pescar, y atrapaba unos peces tan grandes que incluso sacar uno solo del agua suponía, para mí, un trabajo extenuante. ¡Y pesqué muchos! No sé dónde desaparecen esos peces durante el día.

El otro hombre dijo:

—Déjate de tonterías, tú no sabes lo que he soñado yo. Me encontré en mi sueño, a un lado, a Sofía Loren completamente desnuda. Y dije: «Dios mío, ¿habré llegado al cielo?». Y en el otro lado había otra hermosa mujer. Era imposible decidir quién era más bella.

El otro amigo se enfadó mucho y dijo:

—¡Idiota! Y dices que eres mi mejor amigo. ¿Por qué no me llamaste?

Él respondió:

—Te llamé, pero tu mujer me dijo que te habías ido a pescar.

Nadie está donde piensas que está. Nadie está en casa. Cuando hagas el amor, conviértelo en un proceso meditativo. Toda tu presencia tiene que estar ahí, rociando a la mujer con tu amor. La mujer tiene que estar ahí, derramando toda su belleza y su gracia sobre su amante. Entonces no serás una víctima; de lo contrario, eres un víctima.

Vuestras así llamadas y absolutamente estúpidas religiones no aceptan que el amor sea una experiencia natural y lúdica. Lo condenan. Han puesto una condición: a menos que renuncies a tu mujer nunca alcanzarás la verdad. Y este condicionamiento ha estado sucediendo desde hace tanto tiempo que se ha convertido casi en una verdad, a pesar de que sea una absoluta mentira. Eres una víctima de las tradiciones, y sin duda eres dependiente.

Estás diciendo: *«He observado en mí esta energía destructiva y siento que, de alguna forma, la disfruto».* Todo el mundo tiene una energía destructiva, porque si permites que la energía se mueva sola, irremediablemente se hará destructiva; a menos que sea utilizada con consciencia y se vuelva creativa.

Pero lo más importante que estás diciendo es que *«de alguna forma la disfruto».* Entonces, ¿cómo lo vas a cambiar? Siempre que disfrutas con algo estás obligado a permanecer al mismo nivel; no puedes cambiarlo, porque podrías no disfrutar del cambio. Tienes energía. Disfrutar de la energía destructiva es suicida, disfrutar de la energía destructiva como destructiva está al servicio de la muerte. Si eres consciente de ello tendrás que ir a través de una transformación. Usa tu energía creativamente. Quizá eso te hagá menos aburrido, más divertido, menos dependiente, menos víctima.

Y la parte más importante será que no te sentirás culpable ni deprimido. Las personas creativas no se sienten deprimidas o culpables. Su participación en el universo, a través de sus acciones creativas, les dan una tremenda satisfacción y les dan dignidad. Ese es el derecho de nacimiento de todo hombre, pero muy pocos lo reclaman.

Y no es un problema, es muy fácil usar la energía en campos creativos. Pinta, haz jardinería, planta flores, escribe poesía, aprende música, baila. Aprende cualquier cosa que transforme tu energía destructiva en energía creativa. Entonces no estarás enfadado con la existencia, estarás agradecido. No estarás en contra de la vida. ¿Cómo puede estar una persona creativa en contra de la vida, en contra del amor? Es imposible, no ha sucedido nunca. Sólo la gente poco creativa está en contra de todo.

Tu novia ha suscitado una pregunta muy importante en tu vida. Lo más fácil sería cambiar de novia, pero sugiero que tu novia es una verdadera amiga para ti y todo lo que te ha dicho es absolutamente sincero, auténtico. Agradéceselo y comienza a cambiar las cosas. El día que tu novia te considere divertido e interesante será un gran día de tu vida. Por eso, no seas un cobarde y cambies de novia sólo porque esta te crea problemas en la mente, y quieras encontrar una novia diferente.

Eres afortunado por haber encontrado una novia tan compasiva. Tu próxima elección será muy difícil; ella te hará sentir totalmente culpable e indigno. Porque, ¿qué has hecho tú para merecértelo? ¿Qué has hecho para no ser aburrido? ¿Qué has hecho para declarar tu independencia? ¿Qué has hecho para no ser una víctima? Es hora de que hagas algo. Le estarás agradecido a tu novia para siempre.

Me gustaría decirle a tu novia: «Continúa golpeando a este tipo hasta que te sientas satisfecha porque ya no es aburrido, sino divertido, realmente interesante, juguetón y celebrativo. Podrías perderle en algún punto del camino de la vida, pero le habrás preparado para otra mujer; de lo contrario, tal y como es ahora, va a torturar a muchas mujeres y a sí mismo».

El marido

Soy un hombre casado con tres hijos y todos los problemas de la vida conyugal. Mi esposa se me tira constantemente al cuello. Estamos juntos sólo por los niños; aparte de eso, cada momento es una pesadilla. ¿Existe alguna posibilidad de escapar de este infierno?

Te voy a contar una historia: un hombre fue obligado a comparecer ante el tribunal de justicia de Arkansas bajo los cargos de obtener dinero fraudulentamente. El juez le miró seriamente.

—¿Se llama usted Jimmy Moore?

—Sí, señor.

—Se le acusa de crímenes merecedores de prisión prolongada.

—Sí, señor.

—¿Es usted culpable de ese crimen?

El hombre cuadró los hombros con gesto terco:

—Lo soy.

—¿Solicita usted clemencia?

—No, señor.

El juez sonrió de un modo severo:

—¿Ha tenido usted graves problemas en los dos últimos años?

—Los he tenido.

—¿Ha deseado estar muerto a menudo?

—Lo he deseado, con su permiso, señoría.

—¿Deseaba robar suficiente dinero para poder alejarse de Arkansas?

—Está usted en lo cierto, señor juez.

—¿Si un hombre se hubiera adelantado y le hubiera disparado cuando entraba usted en la tienda, le habría dicho usted «Gracias caballero»?

—Pues sí, lo habría hecho. ¿Pero, señor juez, cómo es que ha averiguado tantas cosas sobre mí?

—Hace algún tiempo —dijo el juez con aire solemne— me divorcié de mi mujer. Poco después usted se casó con ella. El resultado es concluyente. Le absuelvo. Aquí tiene, acepte este billete de cincuenta dólares. Usted ya ha sufrido bastante.

No necesitas preocuparte por el infierno: ya has sufrido bastante, ya estás en él. Sólo te queda ir al cielo, porque no queda nada más. Los célibes pueden ir al infierno, pero tú no. Has sufrido suficiente. Los célibes podrían necesitar probar un poco de sufrimiento, pero tú no.

De hecho, el infierno no existe en ningún otro lugar y el cielo tampoco. El infierno está aquí, el cielo está aquí. El infierno y el cielo son tus formas de ser. Son maneras de vivir. Puedes vivir de forma que toda tu vida sea una bendición. Pero no sigas echándole la responsabilidad a tu esposa. En primer lugar, tú la has escogido. ¿Por qué has escogido una mujer que se te está tirando al cuello constantemente?

¿Y crees que si te divorcias no escogerás otra vez una mujer del mismo tipo? Si preguntas a los psicólogos te dirán que de nuevo escogerás el mismo tipo de mujer. Lo necesitabas; ha sido tu propia elección. No puedes vivir sin sufrir. ¿Crees que tu mujer te está haciendo desgraciado?

Escogiste a esta mujer porque querías vivir con sufrimiento. Volverás a escoger el mismo tipo de mujer. A menos que abandones por completo tu vieja mente, sólo te sentirás atraído por el mismo tipo de mujeres.

A menos que cambiemos en nuestras propias mentes, no hay otra manera de cambiar o de transformarnos. Debes estar pensando que si te divorcias de esta mujer las cosas se arreglarán. Estás equivocado, estás completamente equivocado. No sabes nada sobre la psicología humana. Volverás a caer en la trampa. Buscarás de nuevo una mujer; echarás mucho de menos a esta mujer. Ella te echará de menos, tú la echarás de menos. Encontrarás otra vez al mismo tipo de persona; sólo te atraerá ese tipo de personas. Observa tu mente.

Y además, no puede ser sólo ella la culpable; tú también le debes estar haciendo algo. Esta es tu versión; no conozco la suya. Si acepto totalmente tu versión sobre ella estaré siendo injusto con la pobre mujer. Puede que tengas razón en un 50 por 100, pero, ¿qué pasa con el otro 50 por 100? Debes estar echándole leña al fuego. Y si la vida es tan horrible, ¿por qué has tenido tres niños? ¿Quién es el responsable de eso? ¿Por qué has traído tres almas al horrible mundo de tu familia, a la pesadilla que estás viviendo? ¿Por qué? ¿Es que no puedes sentir amor hacia tus hijos?

La gente sigue reproduciéndose sin pensar en absoluto en lo que están haciendo. Si tu vida es un infierno tal, al menos podías haberles evitado a tus hijos el caer en la trampa de tu desgracia. ¡Los habrías salvado! Ahora, esos tres niños están siendo educados por dos personas como tú y tu mujer. Aprenderán tus formas y tus maneras, y las perpetuarán en el mundo. Cuando tú te hayas ido, seguirás aquí en el mundo creando un infierno. Esos niños perpetuarán, mantendrán la continuidad de ese estúpido modo de vivir, de esa desgraciada forma de vivir.

Entonces tu hijo encontrará una mujer igual que tu esposa, ¿quién si no? porque sólo conocerá a esa mujer. Amará a su madre, y siempre que se enamore de una mujer simplemente significa que esa mujer le recuerda a su madre. Entonces nuevamente se volverá a repetir el juego. Quizá has escogido a tu esposa conforme a tu madre; tu padre y tu madre estaban jugando el mismo juego que tú, tus hijos perpetuarán la misma estructura, la misma *gestalt*. Así es como persiste el sufrimiento.

Por lo menos podrías haber salvado la vida de esos tres niños y podrías haber salvado el futuro de la humanidad, porque la onda que has creado continuará expandiéndose. Incluso cuando te hayas ido estará ahí. Todo lo que haces permanece. Todas las ondas que creas en el océano de la vida permanecen; tú desapareces. Es como arrojar una piedra en un lago silencioso: la piedra cae profundamente dentro del lago, desaparece, va hasta el fondo y descansa allí, pero las ondas que se han creado continúan expandiéndose hasta las orillas. Y el océano de la vida no tiene orillas, por eso las ondas continúan, por siempre y para siempre. Por lo menos podrías haber estado un poco más alerta y no haber tenido hijos. Y nunca es tarde. La vida todavía se puede cambiar; pero no esperes que sea tu mujer la que cambie. Esta perspectiva está equivocada.

Cambia *tú*. Cambia radicalmente. Deja de hacer las cosas que has estado haciendo siempre. Empieza a hacer cosas que no hayas hecho nunca. Cambia radicalmente, vuélvete una persona nueva y te sorprenderás. Cuando te vuelvas una nueva persona, tu esposa se volverá una nueva persona. Lo tiene que hacer para responderte. Al principio le será difícil porque será casi como vivir con otro marido pero, poco a poco, ella verá que si tú puedes cambiar, ¿por qué ella no? Nunca estés esperando que el otro cambie. En todas las relaciones empieza tú a cambiar.

La vida todavía puede convertirse en un paraíso; nunca es demasiado tarde. Pero se necesita un gran coraje para cambiar. Todo lo que es realmente necesario es un poco más de consciencia. Desautomatiza tu comportamiento; observa lo que has estado haciendo hasta ahora. Haces lo mismo, y tu esposa reacciona de la misma manera. Se ha convertido en un patrón establecido.

Observa a cualquier marido o mujer; son casi predecibles. Por la mañana el marido abre su periódico y empieza a leer, y su esposa dice algo que ha estado repitiendo durante años, y el marido reacciona de la misma manera. Se ha convertido en algo casi estructurado, programado.

Bastan sólo pequeños cambios para que te sorprendas. Mañana por la mañana no te sientes en tu silla y empieces a leer el periódico. Ponte a limpiar la casa y observa qué sucede. Tu mujer abrirá los ojos desmesuradamente y no será capaz de creer lo que te ha sucedido. Sonríe cuando veas a tu esposa, abrázala y observa cómo se queda desconcertada. Nunca la has abrazado. Han pasado los años y nunca has mirado en los ojos de esa pobre mujer.

Esta noche, siéntate enfrente de ella, mírale a los ojos. Al principio pensará que te has vuelto loco, que te has vuelto un pirado de Osho o algo así, pero no te preocupes. Tómala de la mano y siente el éxtasis. Si no puedes sentirlo, por lo menos inténtalo. Siente el éxtasis. Algunas veces sucede que si empiezas a intentarlo, ¡empieza a suceder! Empieza a sonreír sin ningún motivo, y observa. ¡Puede que a tu mujer le dé un ataque al corazón!

¿Te acuerdas desde cuándo no le tomas de la mano? ¿La has llevado alguna vez a dar un paseo por la mañana? O cuando hay luna llena, ¿te has ido alguna vez a dar un paseo de noche, con ella, bajo las estrellas? Ella también es humana, ella también necesita amor. Pero la gente, especialmente en India, sigue usando a las mujeres como si fueran criadas. Su trabajo consiste en ocuparse de los niños, de la cocina y de la casa, y esa es su vida. ¿Has respetado a tu esposa como a un ser humano? Luego, si está rabiosa, es natural. Si se siente frustrada... porque se le va pasando la vida sin conocer ninguna alegría, sin conocer ningún éxtasis, sin conocer nada que le pueda dar significado e importancia a su vida...

¿Te has sentado a su lado en alguna ocasión, en silencio, sólo tomándola de la mano, sin decir una palabra, solamente sintiéndola, y permitiendo que ella te sienta? Las mujeres y sus maridos sólo tienen un tipo de comunicación: la discusión. No pienses que sólo tu mujer es responsable. Podría serlo, pero ese no es el asunto, porque ella no ha hecho la pregunta. La has hecho tú. Empieza a cambiar tu vida. Dale a la pobre mujer la sensación de que es importante. Dale a la pobre mujer la sensación de que es necesaria. ¿Sabes que en la vida la mayor necesidad es el sentirse necesario? Y a menos que una persona sienta que él o ella son necesarios, sus vidas permanecerán sin significado, como un desierto.

Ríete con ella, escuchad música juntos, iros de vacaciones. Acaricia su cuerpo, porque los cuerpos se empiezan a encoger cuando nadie los acaricia. Los cuerpos empiezan a afearse cuando nadie los mira con aprecio. Y luego piensas: ¿por qué mi mujer no es guapa? Tú no estás creando el clima en donde la belleza crezca, florezca. Si amas a una persona, ¡inmediatamente la persona se vuelve hermosa! El amor es un proceso muy alquímico. Mira a la persona con ojos amorosos y de repente verás cómo cambia su aura, que su cara se vuelve radiante, cómo llega más sangre a la cara, los ojos se vuelven más brillantes, brillo, inteligencia..., y como un milagro.

El amor es un milagro, el amor es mágico. Todavía no es demasiado tarde.

¿Qué cosas son esenciales para que tu propia esposa sea feliz?

No sé mucho de esposas. Soy un hombre soltero. Estás haciéndole esta pregunta a la persona equivocada. Pero he estado observando a muchas esposas y a muchos maridos. De modo que esta no es mi experiencia, ¡es sólo mi opinión!

Hay dos cosas necesarias para mantener a tu propia esposa feliz. Primero: déjale que crea que está haciendo lo que quiere. Y segundo: déjaselo hacer.

Eunice volvió a casa con un abrigo de visón flamante.

—¿Dónde conseguiste eso? —le preguntó Benito, su marido.

—Lo he ganado en una rifa —replicó.

La noche siguiente, Eunice entró en casa con un hermoso brazalete de diamantes.

—¿De dónde ha salido eso? —preguntó Benito.

—Lo he ganado en una rifa —dijo Eunice—. Me voy a otra rifa esta noche y tengo prisa. ¿Te importaría prepararme un baño?

Benito siguió sus instrucciones, pero cuando Eunice entró en el cuarto de baño se encontró con que sólo había dos centímetros de agua en la bañera.

—Benito —le preguntó—, ¿por qué no has llenado la bañera?

—Bueno, querida —respondió él—, ¡no quería que se te mojara tu boleto para la rifa!

El padre

La institución paterna es algo inventado por el hombre. No es en absoluto natural, es institucional. Algún día podría desaparecer..., porque hubo una época en la que no estuvo ahí. Durante miles de años la humanidad vivió sin la institución paterna.

Te podrías sorprender al enterarte de que la palabra *tío* es más antigua que la palabra *padre*, porque el matriarcado precedió al patriarcado. La madre estaba allí y el padre se desconocía quién era, porque la madre se encontraba, se mezclaba y se unía con mucha gente. Alguien tenía que ser el padre, pero no había manera de enterarse. Por eso todos eran tíos; todos los padres potenciales eran los tíos. La institución paterna apareció con la invención de la propiedad privada; ambas están unidas. El padre representa la propiedad privada, porque cuando apareció la propiedad privada todo el mundo quería que su propio hijo fuera el heredero. «No estaré aquí, pero una parte de mí heredará mi propiedad.» La propiedad privada apareció primero, después apareció el padre.

Y para estar absolutamente seguro de que «este niño es mío» empezó a predominar en casi todas las sociedades la idea de que la mujer tenía que llegar absolutamente virgen al matrimonio; de otra forma es difícil estar seguro. Ella podría estar cargando un niño en el momento de casarse, podría estar embarazada, y entonces el niño sería de otro y heredaría toda la propiedad. La virginidad le fue impuesta a la mujer para asegurarse de que «es mi hijo el que va a heredar mi propiedad».

Todo este concepto de la propiedad privada ha creado el padre, ha creado la familia, ha creado la posesión de la mujer por el hombre. Si hubo un momento en el que no hubo padre ni propiedad privada, es inevitable que llegue un día en el que no haya propiedad privada; el padre desaparecerá.

Los hindúes han estado diciendo que a menos que la mujer se convierta en madre no llegará a estar satisfecha. Esto no se aplica a los hombres; nadie dice que a menos que un hombre se convierta en padre no estará satisfecho. Ser padre es accidental. Podría ser, podría no ser. No es muy básico, y un hombre puede permanecer sin ser padre y no perderse nada. Pero una mujer perderá algo porque toda su creatividad, todo su funcionamiento, llega sólo cuando se convierte en madre. Cuando sus pechos se convierten en el centro de su ser ella se hace total. Y no puede llegar a los pechos a menos que haya un niño para llamarla a ellos. Por eso, el hombre se casa con una mujer para tener una esposa y la mujer se casa con un hombre para ser madre, no para tener un marido. Su interés básico y exclusivo es tener un hijo que pueda llamarle a su femineidad. Por eso los verdaderos maridos siempre están asustados, porque en el momento que nace un niño son desplazados a la periferia del interés de la mujer; el hijo se convierte en el centro.

Por eso los padres siempre se sienten celosos, porque sus hijos se ponen en medio y entonces la mujer está más interesada en el hijo que en el padre del hijo. Él se ha convertido en una existencia periférica; necesaria para la supervivencia pero no esencial.

El cristianismo, y me lo han contado amigos míos cristianos, está basado en la familia: la familia es la piedra angular. Pero la familia es también la piedra angular de todas las neurosis, de todas las psicosis, de todo tipo de enfermedades mentales, de todo tipo de problemas sociales. También es la base de todas las razas, de las naciones, de las guerras.

La familia tiene que ser entendida. No tiene futuro; ha sobrevivido a su utilidad, su necesidad. Pero nos han condicionado, no sólo los cristianos sino todo el mundo, con que la familia es una gran contribución al mundo. La realidad es totalmente diferente. Tengo que ir punto por punto, en detalle, porque el problema de la familia es uno de los problemas más serios.

Lo primera cuestión es que... La familia es una prisión, quiere tener el control de los hijos, de la esposa. Es un grupo de personas muy unido que ha hecho de esta prisión algo sagrado. Pero los resultados son muy feos.

Cualquier tipo de prisión impide el crecimiento espiritual. ¿Por qué te crees que Buda renunció al mundo? ¿Por qué Mahavira renunció al mundo? En realidad, no querían renunciar al mundo, estaban simplemente renunciando a su familia —nadie ha dicho esto con anterioridad— porque, ¿cómo puedes renunciar al mundo? Dondequiera que estés, el mundo existe. Sólo puedes renunciar a la familia. Pero todas las escrituras religiosas, incluyendo las escrituras cristianas, están mintiendo continuamente a la gente: hablan de renunciar al mundo. Te despistan completamente del hecho de que todas estas personas estaban renunciando a su *familia*, porque la familia era tal que no podían crecer dentro de ella.

La familia está programando a cada niño de acuerdo a sus prejuicios. Si has nacido en una familia cristiana estarás siendo continuamente programado por el cristianismo y jamás sospecharás que tu condicionamiento podría estar equivocado, podría estar impidiéndote avanzar.

El cristianismo y todas las demás religiones están confundiendo la mente de la gente. Ellos nunca hacen la distinción entre creer y conocer. Un ciego puede creer en la luz, pero eso no le va a ayudar. Uno necesita ojos para ver la luz, y entonces no hay necesidad de creer. Cuando *sabes* algo, ¿hay alguna necesidad de que creas en ello?

¿«Crees» en la luz? ¿Crees en la luna? ¿Crees en las estrellas? Simplemente sabes, no es cuestión de creencias. La creencia surge sólo para las invenciones, las mentiras, no para la verdad. Todo sistema de creencias es un obstáculo para la espiritualidad.

La muerte, de acuerdo al cristianismo, es un tabú: no debes hablar de ella. La muerte es tabú, y la vida también es tabú: ¡no debes vivirla! ¡No debes hablar sobre la muerte ni vivir la vida! No te dejan ninguna alternativa, ni puedes vivir, ni puedes morir. Te dejan colgado en el medio, medio muerto, medio vivo.

Esto crea esquizofrenia. No se te permite ser total en nada: en la vida, en la muerte o en el amor; sólo te implicas parcialmente. Un hombre que está parcialmente implicado sólo está parcialmente vivo. Cuanto más profunda es la implicación más profunda es tu vida. Cuando estás totalmente implicado en la vida, en la muerte, en el amor, en la meditación, en cualquier tipo de cosa que quieras hacer: la pintura, la música, la poesía, la danza.... A menos que te impliques totalmente nunca conocerás el máximo, el mayor placer, la mayor dicha.

La gente sólo está viviendo al mínimo, sólo está sobreviviendo o, para ser totalmente sincero, sólo está vegetando; esperando y esperando, y no sucede nada en su vida. En su vida no florece ninguna flor, no hay ningún festival en su vida. Y su muerte es tan horrible como su vida, porque la muerte es la culminación final de la vida.

Si has vivido con totalidad, la muerte no es el final. La muerte sólo es un episodio, un pequeño episodio en una vida eterna. Has muerto muchas veces, pero como nunca has vivido totalmente, en el momento de la muerte te vuelves inconsciente; el miedo te hace entrar en coma. Por eso no recuerdas tus vidas pasadas, porque el coma se alza como una barrera ante las vidas pasadas y su recuerdo. Y como no conoces tus vidas pasadas no puedes entender que habrá una vida después de la muerte, que la vida es eterna. El nacimiento y la muerte son meros episodios; has nacido y has muerto en miles de ocasiones. Pero cuando no se te permite vivir con totalidad, cuando en todas partes está la interferencia de la religión...

En su primer día de colegio, el profesor le preguntó a un niño pequeño, por supuesto católico:
—¿Cómo te llamas?
—No —respondió él.
El profesor dijo:
—Qué extraño, nunca he escuchado ese nombre.
—Siempre, haga lo que haga —dijo el niño—, sólo oigo decir: «No»; por eso me creo que es mi nombre.

Pero el cristianismo le está haciendo esto a todo el mundo. Es una religión negativa con la vida, no te deja vivir con alegría. Y la familia es la raíz, porque, obviamente, la programación comienza en la familia. El cristianismo dice que está fundado en la familia.

Y sé perfectamente bien que las religiones, las naciones y las guerras no desaparecerán hasta que la familia desaparezca del mundo, porque están basadas en la familia.

La familia te enseña que eres hindú, y que la religión hindú es la mejor religión de todas; las demás religiones no son tan buenas.

El cristianismo continúa programando a los niños: «Sólo te podrás salvar por medio de Jesucristo. Nadie más puede salvarte. El resto de las religiones son sólo moralidades, muy superficiales, no te van a ayudar». Y el niño, además de la leche materna, es alimentado ininterrumpidamente con todo tipo de supersticiones: Dios, el Espíritu Santo y el único hijo concebido por Dios, Jesús, el cielo y el infierno...

Los niños son muy vulnerables porque nacen como una *tabula rasa*; no hay nada escrito en ellos, sus mentes son puras. Puedes escribir lo que quieras en el niño. Y todas las familias cometen el mismo crimen: destruyen al individuo y crean un esclavo. La obediencia es una virtud, la desobediencia el pecado original.

Si se empieza a programar al niño desde su nacimiento, cuando es muy vulnerable y delicado, se podrá escribir cualquier cosa. Irá a su inconsciente. Le puedes decir que «nuestra nación es la más grande del mundo»; todas las naciones dicen eso. «Nuestra religión es la más grande del mundo, nuestras escrituras están escritas por el mismo Dios»; los hindúes lo dicen, los cristianos lo están diciendo, los judíos lo están diciendo. Todo el mundo está cometiendo el mismo crimen.

El cristianismo, por supuesto, lo hace de un modo más eficiente, más astuto, porque es la religión más grande del mundo. Usa técnicas ultramodernas de programación. Envía misioneros a aprender psicoanálisis, a aprender cómo programar a la gente y cómo desprogramarla. Si un hindú tiene que ser convertido al cristianismo, primero tiene que ser desprogramado del hinduismo. De nuevo aparece la *tabula rasa;* se borra lo que estaba escrito. Ahora puedes escribir: «El cristianismo es la religión más elevada del mundo, no ha habido un hombre como Jesucristo, y nunca lo volverá a haber porque él es el único hijo engendrado por Dios».

Todas las guerras dependen de la familia. En el pasado, tradicionalmente muchas naciones han contribuido al ejército por lo menos con un hijo, para proteger la dignidad y el orgullo de la nación. En el Tíbet, cada familia tiene que contribuir con el hijo mayor a los monasterios. Esto se ha estado haciendo durante miles de años. Como si los niños fuesen mercancías con las que puedes contribuir, ¡como si los niños fuesen una limosna que puedes dar!

Esto dividió al mundo en diferentes bandos a causa de la religión, la política, las nacionalidades y las razas. Todas dependen de la familia. La familia es la causa raíz de las miles de heridas de la humanidad.

La familia te da ambición, te da deseos, te da el anhelo del éxito, y todas esas cosas te crean tensiones, ansiedades: ¿cómo ser una celebridad? La familia quiere que seas una celebridad. La familia quiere que seas conocido en todo el mundo. La familia quiere que seas el más rico. La familia quiere que seas presidente del país. Todas esas ambiciones las crea la familia, sin saber que están creando una mente que permanecerá continuamente angustiada, sufriendo. Sólo un hombre puede convertirse en presidente del país. ¿Qué ocurre con los novecientos millones de personas restantes de este país (India)? Son todos unos fracasados. Hacer sentir a la gente que son unos fracasados, que no tienen éxito, que son inferiores a los demás, es una situación desagradable.

La familia es la base de toda esta patología.

Me gustaría un mundo en donde la familia fuera reemplazada por la comuna.

Psicológicamente es más sano tener una comuna donde los padres no poseen a sus hijos, pertenecen a la comuna; donde a los niños no se les imprime sólo la huella de la madre o del padre, en la comuna tienen muchos tíos y muchas tías. A veces duermen con esta familia, a veces con aquella. Quiero que la familia sea reemplazada por la comuna, y en una comuna no hay necesidad de matrimonio.

El amigo

El drama de mi vida amorosa refleja en este
momento un viejo dicho de Humphrey Bogart:
«Mujeres; es un infierno vivir con ellas,
y es un infierno vivir sin ellas». ¿Qué hacer?

Uno tiene que ir a través de este infierno. Hay que experimentar ambos, el infierno de vivir con una mujer y el
infierno de vivir sin una mujer. Y esto no sólo es verdad
acerca de las mujeres, también es absolutamente verdad acerca de los hombres. Por eso, ¡no seas un cerdo machista
chauvinista! Es aplicable de los dos modos, es una espada
de doble filo. Las mujeres también están cansadas de vivir
con los hombres y también están frustradas cuando tienen
que vivir solas. Es uno de los dilemas humanos fundamentales; tiene que ser entendido. No puedes vivir sin una mujer porque no sabes vivir contigo mismo. No eres suficientemente meditativo.

La meditación es el arte de vivir contigo mismo. No es
nada más que eso, simplemente eso: el arte de vivir dichosamente solo. Un meditador puede sentarse dichosamente
en soledad durante meses, durante años. No suspira por el
otro porque su propio éxtasis interno es tan grande, tan
poderoso que, ¿a quién le preocupa el otro? Si el otro entra
en su vida no es una necesidad, es un lujo. Y yo estoy to-

talmente a favor del lujo, porque lujo significa que lo puedes disfrutar cuando está, y lo puedes disfrutar cuando no está. La necesidad es un fenómeno complicado. Por ejemplo, el pan y la mantequilla son necesidades, pero las flores en el jardín son un lujo. Puedes vivir sin flores, no morirás, pero no puedes vivir sin pan y mantequilla.

Para el hombre que no puede vivir consigo mismo, el otro es una necesidad, una absoluta necesidad, porque siempre que está solo se aburre de sí mismo; se aburre tanto que quiere estar ocupado con otra persona. Al ser una necesidad se convierte en una dependencia, tienes que depender del otro. Y como se convierte en una dependencia, odias, te rebelas, te resistes, porque es una esclavitud. La dependencia es un tipo de esclavitud, y nadie quiere ser un esclavo.

Te encuentras con una mujer; no eres capaz de vivir solo. Esta mujer tampoco es capaz de vivir sola, por eso se encuentra contigo; de otra forma no habría necesidad. Los dos están aburridos de ellos mismos y los dos están pensando que el otro les ayudará a librarse del aburrimiento. Sí, al principio así parece, pero sólo al principio. Cuando deciden vivir juntos, pronto ven que el aburrimiento no ha desaparecido; no sólo se ha doblado sino que se ha multiplicado. Ahora bien, en un principio estaban aburridos de ellos mismos, ahora están aburridos del otro también; porque cuanto más cerca estás del otro, cuanto más le conoces, más se convierte casi en parte de ti. Por eso, cuando ves a una pareja aburrida que pasa a tu lado, puedes estar seguro de que están casados. Si no están aburridos, puedes estar seguro de que no están casados. Ese hombre debe estar paseando con la mujer de otro, por eso hay tanta alegría.

Cuando estás enamorado, cuando todavía no has persuadido a la mujer de que estéis juntos para siempre, y la mujer no te ha persuadido a ti, ambos fingís gran alegría.

Y algo de todo esto también es verdad por la esperanza de «¿quién sabe?, tal vez me libre de mi aburrimiento, mi angustia, mi ansiedad, mi soledad. Esta mujer podría ayudarme». Y la mujer también tiene esta esperanza. Pero una vez que estáis juntos la esperanza pronto desaparece, la desesperación se asienta. Ahora estáis aburridos y el problema se ha multiplicado. Y ahora, ¿cómo te libras de esta mujer?

Como no eres meditativo necesitas a otros para mantenerte ocupado. Y como no eres meditativo tampoco eres capaz de amar, porque el amor es una alegría desbordante. Estás aburrido de ti mismo; ¿qué tienes para compartir con el otro? Por eso, estar con el otro también se convierte en un infierno.

En ese sentido Jean-Paul Sartre tiene razón cuando dice «el otro es un infierno». El otro en realidad no es un infierno, sólo lo parece. El infierno está dentro de ti, en tu falta de meditación, en tu incapacidad para estar solo y extático. Ahora el uno se lanza al cuello del otro, continuamente tratando de arrebatarse mutuamente algo de felicidad. Ambos están haciendo lo mismo y ambos son mendigos.

He oído contar...

Un psicoanalista se encuentra con otro psicoanalista en la calle. El primero le dice al segundo:

—Tienes buen aspecto. ¿Cómo me encuentras a mí?

Nadie sabe de sí mismo, nadie está familiarizado consigo mismo. Sólo podemos ver el rostro de los demás. Una mujer es muy hermosa, un hombre es muy hermoso, sonriendo, son todo sonrisas. Nosotros no conocemos su angustia. Quizá todas esas sonrisas sólo sean fachadas para engañar a los demás y engañarse a sí mismos. Quizá detrás de esas sonrisas haya muchas lágrimas. Puede que tenga miedo de que si no sonríe se vaya a echar a llorar. Cuando ves al otro, simplemente ves el exterior, te enamoras del exterior. Pero cuando te vas acercando pronto te das cuenta de que las profundidades internas de la otra persona son tan oscuras como las tuyas. Es un mendigo igual que tú. Ahora hay..., dos mendigos mendigando el uno del otro. Entonces se convierte en un infierno.

Sí, tienes razón: «Las mujeres; es un infierno vivir con ellas, y un infierno vivir sin ellas».

No es, en absoluto, una cuestión de mujeres o de hombres; es una cuestión de meditación y de amor. La meditación es la fuente de la que emana y de la que comienza a desbordar la dicha. Si tienes suficiente dicha para compartir sólo entonces estarás contento con tu amor. Si no tienes suficiente dicha para compartir, tu amor te va a dejar cansado, exhausto, aburrido. Por eso siempre que estás con una mujer estás aburrido y quieres librarte de ella, y siempre que estás solo te aburres de ti mismo, quieres librarte de tu soledad, y vas y buscas una mujer. ¡Es un círculo vicioso! Puedes seguir moviéndote como un péndulo de un extremo al otro durante toda tu vida.

Date cuenta de cuál es el problema real. El problema real no tiene nada que ver con el hombre o la mujer. El problema real tiene que ver con la meditación y el florecimiento de esa meditación en el amor, en la dicha, en el éxtasis.

Primero medita, sé extático; entonces habrá, espontáneamente, mucho amor. Entonces estar con otros y estar solo también es hermoso. Entonces, además, es sencillo. No dependes de los demás y no haces que los demás dependan de ti. Entonces es siempre una amistad, una cordialidad. Nunca se convierte en un parentesco, siempre es una relación. Te relacionas, pero no creas un matrimonio. El matrimonio surge del miedo; la relación surge del amor.

Te relacionas; mientras todo va bien, compartes. Y si ves que ha llegado el momento de partir porque vuestros caminos se separan en este cruce, te despides con una gran gratitud por todo lo que el otro ha sido para ti, por todas las alegrías, todos los placeres y todos los momentos hermosos que has compartido con el otro. Sin tristeza, sin dolor, simplemente te separas.

Nadie puede garantizar que dos personas serán felices estando juntos para siempre, porque la gente cambia. Cuando te encuentras con una mujer ella es una persona, tú eres otra persona. Después de diez años tú serás otra persona, ella será otra persona diferente. Es como un río: el agua está fluyendo continuamente. La gente que se enamora ya no está allí, ninguno de los dos está allí. Ahora puedes seguir agarrándote a una determinada promesa que te hizo otra persona diferente; pero *tú* no la has hecho.

Un auténtico hombre de comprensión nunca hace promesas para el mañana, sólo puede decir: «Por ahora». Un hombre realmente sincero no puede prometer en absoluto. ¿Cómo puede prometer? ¿Quién conoce el mañana? Puede que haya un mañana o puede que no. En el día de mañana: «No será lo mismo, tú no serás el mismo». En el día de mañana: «Quizá encuentres a alguien con quien encajes más profundamente, quizá yo encuentre a alguien con quien podría estar más en armonía». El mundo es amplio. ¿Por qué agotarlo hoy? Mantén las puertas abiertas, mantén las alternativas abiertas.

Estoy en contra del matrimonio. El matrimonio crea problemas. El matrimonio se ha vuelto horrible porque obliga a las personas a ser falsas: han cambiado, aunque siguen fingiendo que son los mismos.

Un anciano de ochenta años de edad estaba celebrando el cincuenta aniversario de su boda con su esposa, que tenía setenta y cinco. Volvieron al mismo hotel y al mismo enclave de montaña donde habían pasado su luna de miel. ¡La nostalgia! Ahora él tenía ochenta años, ella setenta y cinco. Hicieron una reserva en el mismo hotel y pidieron la misma habitación que la última vez. Estaban intentando revivir esos hermosos días de hacía cincuenta años.

Cuando se fueron a dormir la mujer dijo:

—¿Te has olvidado? ¿No vas a besarme de la misma manera que me besaste la noche de nuestra luna de miel?

El anciano dijo:

—De acuerdo. —Y se levantó.

La mujer le preguntó:

—¿Adónde vas?

Él dijo:

—Voy al baño a por mi dentadura.

Todo ha cambiado. En estas circunstancias este beso sin dientes o con dientes postizos no va a ser el mismo beso. Pero el hombre dice: «De acuerdo». El viaje ha debido de ser agotador, y para un anciano de ochenta años.... Pero la gente sigue comportándose como si fueran los mismos.

Muy pocas personas crecen de verdad, incluso aunque envejezcan no están creciendo. Envejecer no es crecer. La auténtica madurez llega a través de la meditación.

Aprende a ser silencioso, pacífico, aquietado. Aprende a ser una no mente. Este tiene que ser el principio. Antes de esto no se puede hacer nada y después de esto, todo se vuelve más fácil. Cuando te encuentras a ti mismo completamente feliz y extático, entonces aunque empiece la tercera guerra mundial y el mundo entero desaparezca dejándote solo, no te afectará. Seguirás sentado debajo de un árbol haciendo *vipassana*.

El día en el que ese momento llegue a tu vida podrás compartir tu dicha. Ahora serás capaz de dar amor. Antes de eso sólo habrá sufrimiento, esperanzas y frustraciones, deseos y fracasos, sueños..., y te llenarás las manos y la

boca de polvo. Sé consciente, no malgastes tu tiempo.
Cuanto antes empieces a vibrar en la no mente, mejor. Entonces pueden florecer en ti muchas cosas: el amor, la
creatividad, la espontaneidad, la alegría, la oración, la gratitud, Dios.

Tercera parte

Soy inútil;
Sólo puedo cantar,
Y mis canciones no tienen ningún objeto.

RABINDRANATH TAGORE

El político

Soy un político revolucionario radical.
¿Tienes algo que decirme?

Ya te has ido demasiado lejos; no me escucharás. Ser un político ya es suficiente pero tú, además, eres un político revolucionario radical; un cáncer por partida doble, ¡triple! ¿No te basta la política? ¿Tienes que ser radical, revolucionario? Pero siempre encontramos hermosas palabras para ocultar realidades desagradables.

Ningún político puede ser revolucionario, porque la única revolución posible es la espiritual. Ningún político puede ser tampoco radical; la misma palabra *radical* quiere decir que se refiere a las raíces. El político poda las ramas, no tiene nada que ver con las raíces. Sólo la iluminación te puede llevar hasta las raíces, sólo la meditación te lleva a las raíces de los problemas.

La política ha existido siempre, los políticos han existido siempre, pero ¿qué ha sucedido? ¡El mundo sigue siendo el mismo carrusel de desgracias! De hecho, el sufrimiento va multiplicándose cada día. Todos esos políticos radicales y revolucionarios solamente han demostrado ser maliciosos; con buenas intenciones, por supuesto, pero las intenciones no cuentan en absoluto. Lo que cuenta es la conciencia.

El político no tiene conciencia; de hecho, está tratando de evitar sus propios problemas internos, está tratando de escapar de sus propios problemas. Y el modo más fácil de escapar de uno mismo es ocuparse de los problemas del mundo, la economía, la política, la historia, el servicio a los pobres, transformar las condiciones de la sociedad, la reforma. Todo esto son estrategias para escapar de los propios problemas de uno: estrategias sutiles, peligrosas, porque uno se cree que está haciendo algo grande mientras que está siendo simplemente un cobarde.

Primero encara tus propios problemas, enfréntalos. Primero trata de transformar *tu* ser. Sólo una persona transformada puede provocar el proceso de transformación en los demás.

Me preguntas: «¿Tienes algo que decirme?». Recuerda dos cosas: en primer lugar, las tres reglas de la perdición. Hay tres formas de perderse en este mundo. La primera es el sexo, la segunda es el juego y la tercera es la política. El sexo es la más divertida, el juego es la más excitante y la política es la más efectiva. En segundo lugar, recuerda también la ley fundamental de todas las revoluciones; cuando llegue la revolución, las cosas serán diferentes, no mejores, sólo diferentes.

Los políticos han estado dirigiendo el mundo entero desde hace siglos; ¿hacia dónde, con qué fin? ¿No ha pasado suficiente tiempo para que podamos ver la estupidez de este juego? Por lo menos somos conscientes, completamente conscientes de cinco mil años de política; antes de eso debía suceder lo mismo, pero después de estos cinco mil años de juego político, ¿qué ha ocurrido? El hombre sigue estando en la misma oscuridad, en el mismo sufrimiento, en el mismo infierno. Sí, la política continúa dándole esperanzas, esperanzas de un mañana mejor que nunca llega. El mañana nunca llega.

Es el opio del pueblo. Karl Marx decía que la religión

es el opio del pueblo. Es verdad, el 99 por 100 de las veces es verdad; sólo en un 1 por 100 no lo es. Un Buda, un Jesús, un Lao Tzu, un Zaratustra, sólo estas pocas personas pueden ser contadas en ese 1 por 100; salvo en estos casos, Karl Marx tiene razón en un 99 por 100 al decir que la religión ha demostrado ser el opio del pueblo. Ha mantenido a la gente en un estado drogado, casi como en un sueño, para que puedan tolerar una existencia intolerable, para que puedan tolerar todo tipo de esclavitudes y privaciones, con la esperanza de un futuro mejor. Las religiones solían otorgar este futuro mejor en el otro mundo, después de la muerte.

La gente llega a mí y me pregunta: «¿Qué sucederá después de la muerte?». Yo no les respondo, en su lugar les hago otra pregunta. Les pregunto: «Olvida todo lo relacionado con el después de la muerte, déjame que te pregunte una cosa: ¿qué está sucediendo *antes* de la muerte?» ... porque todo lo que esté sucediendo antes de la muerte continuará sucediendo después de la muerte. Es una continuidad: tu conciencia será la misma, antes o después no cambiará nada. El cuerpo podría no ser el mismo, el recipiente podría cambiar, pero el contenido seguirá siendo el mismo. Todo lo que sucede le está sucediendo al contenido, no al contenedor.

Primero, la religión estaba dándole opio al pueblo: «Mañana», «después de la muerte». Millones de personas permanecieron en ese estado, drogados, bajo los efectos de ese cloroformo, cloroformo religioso. Ahora la política está haciendo lo mismo. Incluso el comunismo ha demostrado no ser otra cosa que un nuevo opio para las masas; el comunismo es un nuevo tipo de religión. La estrategia es la misma: «Mañana llegará la revolución y todo se arreglará». Tú tienes que sacrificar el día de hoy por el mañana, y el mañana nunca llega.

Han pasado ochenta años desde la revolución rusa y el

mañana sigue estando tan lejos como antes. Han pasado cincuenta años desde la revolución india, la revolución de Gandhi, y el mañana sigue estando muy lejos, de hecho, más lejos que antes. Las personas que se sacrificaron, lo hicieron en vano; habría sido mejor que vivieran. Las personas que fueron asesinadas en realidad estaban cometiendo un suicidio creyendo hacer un gran servicio a la humanidad.

No crees más locura en el mundo; ya está lleno de locura.

Un amigo mío trabajó una vez en un hospital de enfermos mentales. Mientras hacía las visitas, solía explorar a los pacientes preguntándoles: «¿Por qué estás aquí?». La respuesta, normalmente, revelaba el grado de percepción de la realidad del paciente.

Una mañana el psicólogo recibió una respuesta que le impresionó:

—Estoy aquí —respondió el paciente— por la misma razón que usted, doctor. No pude triunfar en el mundo exterior.

Los pacientes y los médicos, la gente y los políticos están en el mismo barco. ¡Todos son ayatolás jomeiníacos! Por el mundo andan sueltos todo tipo de maníacos. Si tú abandonas tus políticas radicales revolucionarias, por lo menos habrá un jomeiníaco menos y eso será una gran bendición.

El sacerdote

Un joven diablo llega corriendo a su jefe. Está temblando y le dice al viejo diablo:

—¡Hay que hacer algo inmediatamente, porque en la tierra un hombre ha encontrado la verdad! Y una vez que la gente conozca la verdad, ¿qué le pasará a nuestra profesión?

El anciano se echó a reír y dijo:

—Siéntate y descansa, y no te preocupes. Está todo arreglado. Nuestra gente ya está allí.

—Pero —dijo él— yo vengo de allí y no he visto ni un solo diablo.

El anciano dijo:

—¡Los sacerdotes son mi gente! Ya han rodeado al hombre que ha encontrado la verdad. Ahora se convertirán en los mediadores entre el hombre de la verdad y las masas. Levantarán templos, redactarán las escrituras, interpretarán y distorsionarán todo. Le pedirán a la gente que adore, que rece. Y en toda esa barahúnda, ¡la verdad se perderá! Ese es mi viejo método, que siempre ha triunfado.

Los sacerdotes, que representan a la religión, no son sus amigos. Son sus mayores enemigos, porque la religión no necesita mediadores: entre tú y la existencia hay una relación directa. Lo único que tienes que aprender es cómo entender el idioma de la existencia. Tú conoces los idiomas del hombre, pero no son los de la existencia.

La existencia conoce sólo un idioma, y es el del silencio.

Si tú también puedes estar en silencio serás capaz de entender la verdad, el significado de la vida, el significado de todo lo que existe. Y no hay nadie que lo pueda interpretar por ti. Todo el mundo lo tiene que encontrar por sí mismo, nadie puede hacer tu trabajo por ti. Pero eso es lo que los sacerdotes han estado haciendo durante siglos. Están interponiéndose como una muralla china entre tú y la existencia.

Hace sólo unos días, el Vaticano, el Papa, informó a todos los católicos: «Me vienen a contar, una y otra vez, que muchos católicos se están confesando *directamente* con Dios. No van al confesionario, al sacerdote. Declaro pecado el confesarse directamente con Dios. Os tenéis que confesar con el sacerdote; no podéis relacionaros directamente con Dios».

No dio ninguna razón porque no hay ninguna razón, excepto que el sacerdote tiene que conservar su profesión; y además él es el sumo sacerdote.

Si la gente comienza a abordar la realidad sin que los dirija nadie, sin nadie que les diga lo que es bueno y lo que es malo, sin nadie que les dé un mapa para seguirlo, millones de personas serán capaces de entender la existencia; porque nuestro latido es también el latido del universo, nuestra vida es parte de la vida de la totalidad. No somos extraños, no venimos de ningún otro lugar; estamos creciendo dentro de la existencia. Somos parte de ella, una parte esencial. Sólo tenemos que ser lo suficientemente silenciosos para poder escuchar aquello que no se puede expresar con palabras: la música de la existencia, la inmensa alegría de la existencia, la constante celebración de la existencia. En cuanto comienza a penetrar en nuestro corazón, llega la transformación.

Es la única forma de que alguien se vuelva religioso, no por ir a las iglesias que están hechas por el hombre, no por leer las escrituras que están hechas por el hombre. Pero los políticos han estado pretendiendo que sus escrituras sagradas están escritas por Dios. ¡La idea en sí misma es estúpida! Fíjate en las escrituras: no encontrarás en ellas ninguna firma de Dios. Encontrarás cosas que Dios no tiene ningún motivo para escribir.

Los hindúes creen en los *Vedas* y creen que están escritos por el mismo Dios; son los libros más antiguos de la existencia, pero ningún hindú se preocupa de mirarlos. Si Dios los escribió, entonces debe de haber algo de inmenso valor en ellos, pero el 98 por 100 de los *Vedas* sólo son basura, hasta tal punto que demuestra que no han sido escritos por Dios.

Por ejemplo, la oración de un sacerdote..., ¿por qué debería de estar escrita por Dios? Y la oración dice que sus vacas no están dando suficiente leche: «Ten misericordia de mí, haz que mis vacas den más leche». No sólo eso: «¡Haz que la leche de los demás *disminuya*!»; ¿Dios escribiría esto? «Mata a mis enemigos y ayuda a mis amigos»..., e incluso cosas tan estúpidas como: «Llegan las lluvias; haz que el agua riegue mis campos y evite los campos del vecino, porque pertenecen a mi enemigo. Haz que tu agua caiga en *mi* campo».

¿Por qué debería Dios escribir estas cosas? Todas las escrituras proporcionan una evidencia intrínseca de haber sido escritas por el hombre, y un hombre muy estúpido, un hombre primitivo. Las supuestas escrituras sagradas ni siquiera pueden ser consideradas buena literatura, son infantiles, crudas, desagradables, pero como están escritas en lenguas muertas.... Y algunas están escritas en lenguas que nunca han sido usadas por la gente común, por ejemplo,

Los Vedas. Esa lengua nunca ha sido usada por la gente común; era la lengua de los eruditos bramines[1], el idioma de los sacerdotes. Y eran muy reacios a que fueran traducidos, porque sabían que al traducirlos perderían toda su santidad. La gente veía que esos disparates ni siquiera eran profanos, ¡y mucho menos sagrados!

En las sagradas escrituras de todas vuestras religiones hay mucha obscenidad, mucha pornografía. Pero están escritas en sánscrito, que no es usado por la gente común; en árabe, que no es usado por la gente común; en hebreo, que no es usado por la gente común; en pali, en prakrit... Son lenguas muertas. Y todas las religiones se resisten a la hora de traducir sus escrituras sagradas a idiomas modernos que entiende la gente; aunque, a pesar de resistirse, sus escrituras sagradas *han* sido traducidas.

Primero estaban en contra de que se imprimieran; segundo, estaban en contra de que se tradujeran. La única razón era que sabían que una vez que estuvieran impresas se venderían en todo el mundo, todo el mundo podría comprarlas. Y si se traducen a lenguas vivas, entonces, ¿cuánto tiempo podrás ocultar la verdad?, y ¿cómo vas a demostrar que están escritas por Dios? Las escrituras están escritas por el hombre, las imágenes de Dios están creadas por el hombre, los templos y las iglesias han sido levantadas por el hombre, pero miles de años de condicionamiento les ha dado una cierta consagración, una cierta santidad. Y no hay nada sagrado en ellas, no hay nada santo en ellas.

Los sacerdotes, más que nadie, han estado engañando al hombre. Esa es la peor profesión del mundo, incluso peor que la profesión de las prostitutas. Por lo menos la prostituta te da algo a cambio; el sacerdote te da sólo palabrería; no tiene nada que darte.

---

1. Casta sacerdotal hindú. *(N. de los T.)*

Y esto no es todo: siempre que alguien realiza la verdad, los sacerdotes están en su contra. Obviamente, tienen que estarlo, porque si la verdad es reconocida por la gente, en el mundo se quedarán sin empleo millones de sacerdotes. Y su trabajo es absolutamente improductivo. Son parásitos, continúan chupándole la sangre al hombre. Desde el momento que nace el niño hasta su tumba, el sacerdote sigue encontrando maneras de explotarlo.

A menos que la religión se libere de las manos de los sacerdotes, el mundo seguirá teniendo sólo una pseudorreligión; no se volverá religioso. Y un mundo religioso no puede ser tan desgraciado: el mundo religioso deberá ser una constante celebración.

Un hombre religioso no es nada más que puro éxtasis. Su corazón está lleno de canciones. Todo su ser está listo para bailar en cualquier momento. Pero el sacerdote le ha arrebatado la búsqueda de la verdad: dice que no hay necesidad de buscar, ya ha sido encontrada, sólo tienes que tener fe.

El sacerdote ha hecho desgraciada a la gente, porque condena todos los placeres del mundo. Condena los placeres de este mundo para poder alabar los placeres del otro mundo. El otro mundo es una ficción. Y quiere que la humanidad sacrifique su realidad por una idea ficticia; y la gente se ha sacrificado.

El científico

Te he escuchado decir, hace algún tiempo, que
la ciencia corresponde a la cabeza y la religión
al corazón. Entiendo que esas cualidades, siendo
una polaridad, son mutuamente dependientes.
Una no puede existir sin la otra, igual que un
hombre no puede existir sin ambos, cabeza
y corazón. ¿Entonces, una comunidad científica
mundial no traería consigo, como consecuencia,
una comunidad mundial religiosa? ¿En tu visión
de un Nuevo Hombre, no está sintetizada la
visión de un mundo científico y un mundo
religioso?

El hombre no es sólo cabeza y corazón. Hay algo más
en él: su ser. Por eso tienes que entender tres cosas: la cabeza, el corazón y el ser.

He dicho que la religión es del corazón, porque la religión es el puente entre la cabeza y el ser. La cabeza no puede saltar directamente al ser, a menos que vaya a través del
corazón.

La ciencia está limitada a la cabeza, la razón, la lógica.
El corazón está limitado a los sentimientos, las emociones,
sensaciones. Pero el ser está más allá de ambos. Es puro silencio; no hay pensamiento, no hay sentimiento. Y sólo el

hombre que conoce su ser es auténticamente religioso. El corazón es sólo una parada temporal.

Pero tienes que entender mi dificultad. Tú estás en la cabeza. No puedo hablar del ser porque la cabeza no será capaz de comunicarse con el ser. Para la cabeza no existe el ser, por eso los científicos siguen negando el espíritu. Por eso tengo que hablarte del corazón, que está a medio camino.

La cabeza puede entender algo del corazón, porque hasta el científico más grande se enamora. Su cabeza no puede concebir qué está pasando; ¿enamorarse? No puede demostrarlo racionalmente, no puede entender por qué le ha sucedido con un hombre o una mujer en particular, qué química hay detrás, qué física hay detrás; no parece haber salido de ninguna parte. Pero tampoco lo puede negar, está ahí, y está poseyendo toda su vida. Por esto digo que la religión corresponde al corazón. Esta declaración sólo es temporal.

Cuando te pueda convencer de que vayas desde el pensamiento al sentimiento, entonces te podré decir que la religión corresponde al ser. La religión no es pensamiento ni sentimiento, no tiene lógica ni emoción. Sólo es puro silencio: en un sentido, está totalmente vacía porque no hay sentimiento, no hay pensamiento, y en otro sentido, está desbordando éxtasis, bendición.

La meditación es el camino de la cabeza al corazón y del corazón al ser.

Me gustaría que todos los científicos escucharan al corazón. Eso cambiaría el carácter de la ciencia. Dejaría de estar al servicio de la muerte, dejaría de crear cada vez más armas destructivas. Estaría al servicio de la vida. Crearía mejores rosas, rosas más fragantes; crearía mejores plantas, mejores animales, mejores pájaros, mejores seres humanos. Pero el objetivo esencial es ir del sentimiento al ser. Y si un científico es capaz de usar su cabeza en lo que se refiere al mundo objetivo, su corazón en lo que se refiere al mundo interpersonal y su ser en lo que a la existencia se refiere, entonces es el hombre perfecto.

Mi visión del nuevo hombre es la de un hombre perfecto: perfecto en el sentido que estas tres dimensiones funcionan sin contradecirse entre sí, sino al contrario, complementándose mutuamente.

El hombre perfecto creará un mundo perfecto. El hombre perfecto creará un mundo de científicos, un mundo de poetas, un mundo de meditadores.

Mi planteamiento es que estos tres centros deberían estar funcionando en todas las personas, porque incluso un solo individuo es un mundo en sí mismo. Y esos centros están en el individuo, no en la sociedad; por eso, mi atención está puesta en el individuo. Si puedo cambiar al individuo, antes o después, el mundo acabará siguiéndole. *Tendrá* que seguirle, porque verá la belleza del nuevo hombre.

El nuevo hombre no sólo es listo con la aritmética, también puede disfrutar y componer música. Puede bailar, puede tocar la guitarra, que es una tremenda relajación para su cabeza, porque la cabeza deja de funcionar. Y el nuevo hombre no está solamente en el corazón: en algunos momentos se abandona incluso más profundamente, y únicamente es. Esa fuente del ser es el mismísimo centro de tu vida. Entrar en contacto con ella, estar allí te rejuvenece. Todas las energías de tu corazón y tu cabeza se multiplicarán tremendamente porque irás consiguiendo nueva energía cada día, en cada momento.

Actualmente, incluso el gran científico Albert Einstein utilizó sólo el 15 por 100 de su potencial. Y la gente corriente mucho menos. Nunca superan el 5 o el 7 por 100. Si estos tres centros están funcionando juntos, el hombre será capaz de funcionar totalmente, al 100 por 100. Aquí, en esta tierra, realmente podemos crear un paraíso. Está en nuestras manos. Con un poco de esfuerzo, un poco de valentía; no se necesita nada más.

El mundo tiene que ser científico cuando se trata de tecnologías, de confort. El mundo tiene que ser poético; si no, el hombre se convierte en un robot. La cabeza es un ordenador. Sin la poesía, la música, el baile y el canto, un ordenador podrá hacer lo que hace tu cabeza de un modo mucho más eficiente e infalible. Los papas han estado declarando que son infalibles. No lo son. Pero si quieren serlo, pueden reemplazar sus cerebros por un ordenador; entonces serán infalibles.

El corazón es una dimensión totalmente diferente de experimentar la belleza y el amor, y de expresarlo. Pero esto no es todo. A menos que alcances tu verdadero centro, seguirás descontento. Y un hombre descontento es peligroso porque hará cualquier cosa para librarse de su descontento.

La persona que se conoce a sí misma y a su centro es la más rica. En realidad, es ahí donde está el reino de Dios. Es tu reino. En él, tú eres dios. En el fondo de tu ser, centrado en él, te conviertes en un emperador.

El hombre de negocios

Soy un hombre de negocios.
¿Puedo ser también un meditador?

Hay que hacer algo en la vida. Uno es carpintero, otro es rey, el tercero es un hombre de negocios y el cuarto soldado. Son maneras de ganarse la vida, son maneras de conseguir el sustento diario, el cobijo. No pueden cambiar tu ser interno. Que seas un soldado o un hombre de negocios no significa nada: uno elige una manera de ganarse la vida, el otro elige otra cosa.

La meditación es la vida, no una forma de ganarse la vida.

No tiene nada que ver con lo que *haces*, sino con lo que *eres*. Sí, los negocios no deberían de entrar en tu ser, eso es verdad. Si tu ser también se ha vuelto negociante, entonces es difícil meditar e imposible ser un buscador..., porque si tu ser se ha vuelto negociante, entonces te has vuelto demasiado calculador. Y una persona calculadora es una persona cobarde: piensa demasiado, no puede saltar.

La meditación es un salto de la cabeza al corazón y por último, del corazón al ser. Cada vez profundizarás más, tendrás que ir dejando los cálculos atrás y la lógica dejará de tener importancia. Allí no puedes llevar la agudeza. De hecho, tu agudeza tampoco es verdadera inteligencia; la agudeza es un pobre sustituto de la inteligencia. La gente que no es inteligente aprende a ser lista. La gente que es inteligente no necesita ser lista: son inocentes, no necesitan ser astutos. Funcionan desde un estado de no saber.

No hay nada malo en ser un hombre de negocios. Si Jesús puede convertirse en un meditador y en un buscador, y por último en un Cristo, en un Buda —siendo el hijo de un carpintero, que ayuda a su padre a traer la madera, a cortarla—; si el hijo de un carpintero puede convertirse en un Buda, ¿por qué no tú?

Kabir era un tejedor. Trabajó durante toda su vida; siguió tejiendo incluso después de su iluminación. ¡Le gustaba! En muchas ocasiones sus discípulos le pidieron, le rogaron con lágrimas en los ojos:

—No necesitas seguir trabajando; ¡estamos aquí para ocuparnos de ti! Con tantos discípulos y siendo un anciano, ¿por qué seguir hilando y tejiendo?

Y Kabir dijo:

—¿Pero sabéis para quién estoy tejiendo, para quién estoy hilando? ¡Para Dios! Porque, ahora, para mí todo el mundo es dios. Es mi manera de orar.

Si Kabir puede convertirse en un Buda y seguir tejiendo, ¿por qué tú no?

Pero los negocios no deberían entrar en tu ser. Los negocios deberían ser algo exterior, una forma de ganar tu sustento. Cuando cierres la tienda, no sigas llevándola en la cabeza. Cuando estás en casa con tu mujer, con tus hijos, no seas un hombre de negocios. Eso es horrible: significa que tu ser se está tiñendo con tus acciones. El hacer es superficial. El ser debería trascender tu acción y siempre deberías ser capaz de dejar a un lado tu hacer, y entrar en el mundo de tu ser. En esto consiste la meditación...

Por tanto, sigue siendo un hombre de negocios, pero durante algunas horas olvídate completamente de ello. No estoy aquí para decirte que escapes de tu vida diaria. Estoy aquí para contarte las vías, los medios y la alquimia para transformar lo ordinario en extraordinario.

Sé un hombre de negocios en tu tienda y deja de serlo en tu casa. Y en ocasiones, durante algunas horas, olvida incluso el hogar, la familia, tu esposa, tus hijos.

Durante unas horas estate sólo contigo mismo. Sumérgete cada vez más en tu propio ser. Disfruta de ti mismo, ámate a ti mismo y poco a poco te harás consciente de que está manando una gran alegría sin causa alguna del mundo exterior, sin causa externa. Es tu propio sabor, es tu propio florecimiento. Esto es meditación.

«Sentado en silencio, sin hacer nada, llega la primavera y la hierba crece espontáneamente.» Siéntate en silencio, sin hacer nada, y espera la primavera. Llega, siempre llega, y cuando llega la hierba crece espontáneamente. Verás cómo surge una gran alegría en ti sin motivo alguno. Entonces, comparte, ¡dáselo a la gente! Entonces, tu caridad será interna. Entonces, no será solamente un medio para alcanzar un objetivo, tendrá un valor intrínseco.

Mi *sannyas*[1] no es otra cosa que vivir en el mundo ordinario, pero de forma que no te posea; siendo trascendental, estando en el mundo y a la vez un poco por encima. Esto es *sannyas*.

No es el viejo *sannyas* en el que tienes que escapar de tu mujer, de tus hijos, de tu negocio e irte a los Himalayas. Ese tipo de cosas no ha funcionado en absoluto. Muchos fueron a los Himalayas pero llevaban consigo sus estúpidas mentes. Los Himalayas no les han ayudado; al contrario, ellos han destruido la belleza de los Himalayas, eso es todo. ¿Cómo pueden ayudarte los Himalayas? Puedes dejar el mundo, pero no puedes dejar tu mente aquí. La mente irá contigo; está en tu interior. Y donde quiera que estés, esa misma mente creará el mismo tipo de mundo a tu alrededor.

1. Renunciante espiritual; en este caso, discípulo de Osho. *(N. de los T.)*

Puedes abandonar el mundo, pero serás el mismo. Crearás de nuevo el mismo mundo porque llevas esa huella en tu mente. No se trata de dejar el mundo, se trata de cambiar la mente, renunciar a la mente. En esto consiste la meditación.

El Buda

El hombre es una semilla con un gran potencial: es la semilla de la budeidad. Cada hombre nace para convertirse en un Buda. El hombre no nace para ser esclavo, sino para ser un maestro. Pero son muy pocos los que realizan su potencial. Y la razón por la que millones de personas no pueden realizar su potencial es que dan por hecho que ya lo han conseguido.

La vida es una oportunidad para crecer, para ser, para florecer. La vida en sí misma está vacía; a menos que seas creativo no serás capaz de llenarla de satisfacción. Tienes una canción en tu corazón para ser cantada y una danza para ser bailada, pero la danza es invisible, y la canción..., ni siquiera tú la has oído aún. Está oculta profundamente en el centro más interno de tu ser; tiene que ser traída a la superficie, tiene que ser expresada.

Este es el significado de «autorrealización». Es rara la persona que transforma su vida en un crecimiento, en un largo viaje de autorrealización, que se convierte en lo que estaba destinado a ser. En Oriente hemos llamado a ese hombre el Buda; en Occidente hemos llamado a ese hombre el Cristo. La palabra *cristo* significa exactamente lo mismo que la palabra *buda*: el que ha llegado a casa.

Todos nosotros somos vagabundos buscando un hogar, pero la búsqueda es muy inconsciente, a tientas en la oscuridad, sin saber exactamente qué estamos buscando, quiénes somos, a dónde vamos. Vamos como un tronco a la deriva, seguimos siendo accidentales. Y esto es posible porque millones de personas a nuestro alrededor están en el mismo barco, y cuando ves que millones de personas están haciendo las mismas cosas que tú, entonces debes estar en lo cierto, porque millones de personas no se pueden equivocar. Esa es tu lógica, y esa lógica es básicamente errónea: millones de personas no pueden estar en lo *cierto*. Es muy raro que una persona esté en lo cierto; es muy raro que una persona realice la verdad. Millones de personas viven vidas de mentira, vidas fingidas. Sus existencias son sólo superficiales; viven en la circunferencia, completamente inconscientes del centro. Y el centro lo contiene todo: el centro es el reino de Dios.

El primer paso hacia la budeidad, hacia la realización de tu infinito potencial, es reconocer que hasta ahora has estado malgastando tu vida, que hasta ahora has sido totalmente inconsciente.

Empieza por hacerte consciente; esa es la única manera de llegar. Es arduo, es duro. Seguir siendo accidental es fácil; no necesita inteligencia, por eso es fácil. Cualquier idiota puede hacerlo; todos los idiotas ya lo están haciendo. Es fácil ser accidental porque nunca te sientes responsable de nada de lo que pasa. Siempre puedes echarle la culpa a otra cosa: el destino, Dios, la sociedad, la estructura económica, el Estado, la Iglesia, la madre, el padre, los padres... Puedes continuar echándole la culpa a otra persona; por eso es fácil.

Ser consciente significa tomar toda la responsabilidad a tus espaldas. Ser responsable es el principio de la budeidad.

Cuando uso la palabra *responsable* no la estoy utilizando con la connotación ordinaria de ser cumplidor con tus obligaciones. Estoy usándola en su significado real y esencial: capacidad de responder; ese es mi significado.

Y la capacidad de responder es posible sólo si eres consciente. Si estás profundamente dormido, ¿cómo puedes responder? Si estás dormido, los pájaros seguirán cantando pero tú no los escucharás, las flores seguirán floreciendo y nunca serás capaz de sentir la belleza, la fragancia, la alegría que están derramando sobre la existencia.

Ser responsable significa estar alerta, consciente. Ser responsable significa estar atento. Actúa con toda la consciencia que te sea posible. Hasta las cosas más pequeñas, como andar por la calle, comer tu alimento o darte un baño, no deberían ser hechas mecánicamente. Hazlas con total consciencia.

Poco a poco, los actos pequeños se hacen luminosos, y poco a poco, esos actos luminosos van reuniéndose en tu interior, y finalmente..., la explosión. La semilla ha explotado, el potencial se ha realizado. Ya no eres una semilla sino una flor de loto, una flor de loto dorada, una flor de loto de mil pétalos.

Y en ese momento, una gran bendición: Buda lo llama *nirvana*. Has llegado. Ahora ya no hay que alcanzar nada más, no hay que ir a ningún lugar. Puedes descansar, puedes relajarte; el viaje ha terminado. En ese momento surge una tremenda alegría, nace un gran éxtasis.

Pero uno debe empezar por el principio.

Occidente ha dado nacimiento a Aristóteles, Nietzsche, Heidegger, Camus, Berdyaev, Marcel y Sartre. ¿Podrá Occidente, él solo, dar lugar a budas o se necesita una comunión con la conciencia de Oriente?

La conciencia búdica no es oriental, ni occidental. No tiene nada que ver con la geografía o la historia, no tiene nada que ver con la mente como tal. La mente es oriental, occidental, india, china, japonesa, alemana, pero la conciencia interna más pura es sencillamente el puro cielo; no la puedes identificar con nada porque está sin condicionar.

¿Qué es Oriente y qué es Occidente? Son maneras de condicionar, diferentes formas de condicionamiento. ¿Qué es un hindú y qué es un judío? Diferentes condicionamientos. Son nombres de enfermedades. La salud no es ni oriental ni occidental.

Al nacer un niño, empieza inmediatamente el condicionamiento; maneras muy sutiles de condicionar. Directa, indirectamente, comenzamos a encajar al niño dentro de un determinado molde. Hablará un cierto idioma, y cada idioma tiene su manera de pensar, un énfasis, una dirección particular. Por eso, a veces, se hace imposible el traducir de un idioma a otro; el otro idioma quizá no tenga palabras que correspondan, el otro idioma quizá no haya mirado a la realidad y a la vida de esa manera. La vida es infinita; de la forma que tú la miras es finita; puede haber infinitas maneras de mirarla.

Y luego el niño empieza a ser coloreado por la familia, la escuela, la iglesia, el sacerdote, los padres; y esto sucede en silencio. Poco a poco, se cierra todo el cielo de la conciencia; únicamente se deja abierta una abertura, una pequeña ventana. Esa abertura es hindú, inglesa, americana. La abertura es hindú, jainista, budista. La abertura es oriental, occidental.

Realizar la budeidad es recuperar la conciencia que trajiste contigo en tu nacimiento. Esa pureza sin contaminar, ese rostro original carente de máscaras, esa inocencia es la budeidad. Por eso la budeidad no puede ser ni oriental ni occidental; es trascendental.

Quizá te sorprenderá saber que cuando un niño crece en una familia..., y todos los niños tienen que crecer en una familia. Es casi una necesidad, no existe otra posibilidad; es necesario algún tipo de familia. Aunque sea una comuna, tendrá sus propias limitaciones, podría ser un *kibbutz* pero tendrá sus propias limitaciones. Y no hay forma de educar a un niño sin un cierto ambiente acogedor. Ese ambiente acogedor es una necesidad, sin él el niño no puede sobrevivir; el niño tiene que ser cuidado, pero tiene que pagar por ello. No es fácil, es muy complejo. El niño tiene que ajustarse continuamente a la familia porque la familia «tiene razón», el padre «tiene razón», la madre «tiene razón». Son personas poderosas; el niño está desvalido. Tiene que depender de ellos, tiene que respetarles, les ha de obedecer. No se trata de si tienen razón o no la tienen; el niño tiene que convertirse en una sombra, en un imitador.

Así es el hinduismo, el cristianismo; así es la mente oriental y la mente occidental. Y esto es muy sutil; el niño podría no darse cuenta nunca de esto, porque no sucede en un solo día, va ocurriendo poco a poco; igual que el agua va cayendo de la montaña, cayendo y cayendo y cayendo, destruye las rocas y desaparecen las piedras.

El niño tiene que amoldarse de muchas maneras. Ese tener que amoldarse lo vuelve falso, hipócrita, lo vuelve mentiroso..., mentiroso con su propio ser. Ahora los psicólogos han descubierto que si un determinado tipo de niño demuestra ser estúpido, puede que no sea verdad, porque ningún niño nace estúpido. Tal vez sea el ambiente, la familia a la que ha tenido que amoldarse. Si el padre es demasiado intelectual, el niño tendrá que comportarse de un modo estúpido para mantener el equilibrio. Si el niño se comporta de un modo inteligente, el padre estará sutilmente enfadado. No puede tolerar un hijo inteligente, nunca tolera a nadie que sea más inteligente que él. Obligará al niño a ser inferior a pesar de lo que esté diciendo. Y el niño aprenderá el truco de comportarse como un tonto, porque cuando se comporta como un tonto todo va bien, todo va perfectamente bien. El padre puede que muestre disgusto en la superficie, pero en el fondo está satisfecho. Siempre le ha gustado estar rodeado de tontos; rodeado de tontos, es la persona más inteligente.

Por esto, después de cientos de años las mujeres han aprendido el truco: nunca intentan ser intelectuales; a su marido no le gustaría. No es que no sean inteligentes, lo son tanto como los hombres, pero tienen que aprender. ¿Lo has observado? Si la esposa es más culta, el marido no se siente muy bien. Ningún hombre se quiere casar con una mujer más culta que él, más famosa que él. No sólo eso, sino también en las cosas pequeñas: si la mujer es más alta, ningún hombre se quiere casar con ella. Quizá este sea el motivo de que las mujeres hayan decidido, también a nivel biológico, no ser demasiado altas —quizá haya alguna razón psicológica—; si no, no encontrarás marido. Si eres demasiado inteligente, no conseguirás marido. La mujer tiene que fingir que sigue siendo un bebé, infantil, para que el marido se pueda sentir bien cuando ella busca apoyo en él.

En una familia, el niño llega a una situación ya establecida. Ya está todo allí; tiene que adaptarse, tiene que ajustarse a ella. No puede ser él mismo; siempre que trata de ser él mismo se mete en problemas y empieza a sentirse culpable. Tiene que amoldarse... a cualquier precio. La supervivencia es lo más importante, lo primero; todo lo demás es secundario. Por eso cada niño tiene que ajustarse a su familia, a sus padres, a la geografía, a la historia, a las idiosincrasias de la gente que le rodea, a todo tipo de prejuicios, estúpidas creencias, supersticiones. Cuando llegas a ser consciente o te haces un poco independiente, estás tan condicionado, el condicionamiento ha penetrado tanto en tu sangre, en tus huesos y en la médula, que no puedes salir.

¿Qué es la budeidad? La budeidad es salir de todo este condicionamiento... Un buda es aquel que vive como un todo, como un todo orgánico. La conciencia búdica es la conciencia trascendental. No tiene nada que ver con Oriente u Occidente.

¿Cuáles son la características de un ser iluminado?

Un ser iluminado significa simplemente un hombre al que no le queda ninguna pregunta en su vida, todas están resueltas. Un ser iluminado significa un hombre que está constantemente en el mismo estado de silencio, paz y satisfacción interna pase lo que pase en el exterior: éxito o fracaso, dolor o placer, vida o muerte.

Un hombre iluminado significa un hombre que ha experimentado algo de lo que tú también eres capaz, pero que no has intentado. Está lleno de luz, lleno de felicidad, lleno de éxtasis, veinticuatro horas al día. Está casi ebrio, ebrio de lo divino. Su vida es una canción, su vida es una danza, su vida es júbilo. Su presencia es una bendición.

Y si quieres conocerle, tienes que estar con él. No puedes observarlo desde el exterior, tienes que acercarte. Tienes que entrar en un estado de intimidad. Tienes que unirte a su caravana, tienes que tomar su mano. Tienes que alimentarte de él, y tienes que permitir que entre en tu corazón. Pero desde el exterior, por favor, no intentes encontrar ninguna característica; todas estas son experiencias internas...

Aunque siempre se pueden dar algunas indicaciones. En la proximidad de un iluminado sentirás una cierta fuerza magnética, una tremenda atracción, un centro carismático. Quizá no te acerques a causa de tu miedo. Es peligroso acercarse a un ser iluminado, porque puedes acercarte pero después no puedes alejarte. Acercarse es arriesgado. Es sólo para jugadores, no para hombres de negocios.

Cuarta parte

Carta nave

El nuevo hombre

Hace algún tiempo, cuando visitamos el Centro
Espacial Kennedy de Florida, vimos los últimos
avances científicos para explorar el espacio
exterior y crear «un hombre mejor». Tu visión
está interesada en la creación de un «nuevo
hombre». La visión mencionada anteriormente
es la plataforma de lanzamiento de la nación
más rica y poderosa. La tuya es el platillo volante
de la nueva conciencia y, sin embargo, es
desaprobada por una de las naciones más pobres
de la tierra. Una es la materia y la otra es el
espíritu. ¿Qué está sucediendo?

La idea de un hombre mejor es una vieja idea, muy vieja, tan vieja como el hombre. Todo el mundo está deseando
aceptar un hombre mejor, porque no necesita un cambio
radical. Un hombre mejor significa que se te añade algo: sigues siendo el mismo, sigues siendo una continuidad; no
hay discontinuidad. Y te enriqueces, mejoras. La idea de un
hombre mejor tiene sus raíces en la avaricia, por eso todo el
mundo la apoya. Los países ricos la apoyan, los países pobres la apoyan. India estaba totalmente a favor de Mahatma Gandhi porque quiso traer un hombre mejor. La idea de
un hombre mejor es reformista, no es revolucionaria.

Pero la idea de un hombre *nuevo* es peligrosa porque requiere agallas. El requisito básico es que tienes que morir a lo viejo y tienes que nacer renovado; es un renacimiento. Por eso se oponen a mí. Y no sólo se oponen y me desacreditan en India, sino que se me opondrán y desacreditarán en todo el mundo. Aunque esté en Florida, sucederá lo mismo.

De hecho, hay más posibilidades de oposición en un país rico y poderoso que en un país pobre y hambriento, por la sencilla razón de que millones de indios no tienen ni idea de lo que está ocurriendo aquí. No tienen tiempo, no tienen interés. El nacimiento del hombre nuevo no es un asunto vital para ellos. Su problema vital es cómo sobrevivir, y ¡tú estás hablando del nacimiento del hombre nuevo! Ni siquiera son capaces de sobrevivir. Sus problemas son totalmente diferentes. Están enfermos, tienen hambre, sus hijos no tienen educación, no tienen empleo, no tienen tierras, ni alimentos, ni cobijo; ¿y tú les estás hablando del nuevo hombre? No están interesados; no es su problema.

Pero si hablo del nuevo hombre en América me asesinarán inmediatamente, seré encarcelado. No me tolerarán, porque eso significa peligro para todo el estilo de vida americano.

El estilo de vida americano depende de la ambición, y mi nuevo hombre tiene que carecer totalmente de ambiciones. El punto de vista americano es que hay que mejorar las cosas, se debería hacer todo mejor. No importa dónde va a llevar esto, pero todo tiene que ser mejor, cada vez mejor. Están obsesionados con la idea de mejorarlo todo. Tienes que tener mayor velocidad, mejores máquinas, mejor tecnología, mejores vías del tren, mejores carreteras; ¡todo mejor! Por supuesto, del mismo modo, necesitas un hombre mejor. Encaja con todo el estilo de vida americano. También se piensa que el hombre es una mercancía. Igual que necesitas mejores vacas, mejores perros, mejores coches y mejores aviones, ¡también necesitas un hombre mejor! No hay diferencia, es la misma lógica.

Estoy hablando del nuevo hombre. El nuevo hombre no es necesariamente un hombre mejor. Estará más vivo, será más feliz, estará más alerta, pero, ¿quién sabe si será mejor o no? Desde el punto de vista de los políticos no será mejor, porque no va a ser un mejor soldado; no estará dispuesto a ser un soldado en absoluto. No será competitivo y toda la economía competitiva colapsará. No le interesará acumular trastos, y la economía depende de eso. Todas tus agencias publicitarias están metiéndote en la cabeza la idea de acumular cada vez más cosas.

El nuevo hombre tendrá una visión de la vida totalmente diferente. Vivirá de un modo más amoroso, porque para él el amor es riqueza. Sabrá que el dinero no puede comprar amor o alegría. Sabrá que el dinero es una herramienta, no el objetivo de la vida.

El sistema americano se basa en hacer mejor las cosas. «¡Hazlo mejor!», no importa lo *que* estés haciendo. «Si estás matando gente, ¡sé el mejor!» Podéis ver lo que ha sucedido en Hiroshima y Nagasaki: América realmente lo hizo mejor que nadie hasta entonces. «¡Llegar a la luna!», nadie pregunta por qué. Si preguntas por qué, estás loco; no se hacen esas preguntas. Lo único que vale la pena preguntar es: «¿Cómo llegar a la luna antes que nadie? Derrota a los rusos. El primero que camine sobre la luna deberá ser un americano». ¿Para qué? Ese no es el asunto. En lo que a mí se refiere, no le puedo ver el sentido. ¡Un americano sobre la luna me parece tan ridículo! Pero esa es su manera de pensar, su filosofía: «¡Aunque tengas aspecto de tonto, tenlo mejor que los demás. Supérales a todos!».

Mi nuevo hombre significa el final del viejo mundo. ¿Por qué está desacreditado el nuevo hombre? Siempre ha estado desacreditado. Jesús fue asesinado por estar hablando del nuevo hombre, no de un hombre mejor. Jesús le dijo a Nicodemo: «A menos que renazcas no entrarás en el reino de los Dios». Jesús insistió que primero tienes que morir al pasado, sólo entonces puede surgir en ti una nueva conciencia. Él fue crucificado. Sócrates estaba hablando acerca del nuevo hombre, recuerda. ¿Por qué unas personas tan cultas se volvieron tan animales, tan bárbaros como para matar a un hombre como Sócrates? Él estaba hablando del nuevo hombre. Si hubiera hablado acerca de un hombre mejor le habrían adorado.

Los que han hablado acerca de un hombre mejor siempre han sido adorados, porque están diciendo que el pasado es hermoso pero que puede ser embellecido. No están en contra del pasado, no están en contra de las convenciones, no están en contra de las tradiciones; están totalmente a favor. La tradición tiene que ser el cimiento, y sobre esos cimientos puedes levantar un templo mejor, una casa mejor.

Hablar sobre el nuevo hombre es peligroso. Un nuevo hombre significa cortar completamente con el pasado, interrumpiendo, desarraigándote totalmente del pasado, muriendo al pasado y viviendo el presente. Y a los viejos hábitos les cuesta morir. Nos hemos acostumbrado a oír hablar de un hombre mejor; se nos ha metido hasta en la circulación de la sangre. Cada santo, cada mahatma habla acerca del hombre mejor; es su deber, ya lo sabemos. ¿Pero acerca del· nuevo hombre? Entonces nos da miedo. Trae algo completamente nuevo; nos lleva al territorio de lo desconocido, está tratando de desarraigarnos de lo conocido. Hemos vivido durante miles de años de una manera determinada; estamos condicionados por esto, somos parte de esto. Sólo muy poca gente consigue salirse. Por eso mi mensaje está destinado a unos pocos escogidos.

Recuerda, los viejos hábitos tardan en morir; y nuestras religiones, nuestras filosofías son muy antiguas, nuestros estilos de vida son muy antiguos. Y yo estoy por lo nuevo. Pensamos que lo viejo es oro, ¡pero yo digo que lo viejo es sólo basura! Estoy de acuerdo con Henry Ford en que la historia es una basura. ¡Es todo mentira! Tenemos que liberar al hombre de todo lo que ha sucedido antes y tenemos que liberarlo totalmente, absolutamente, categóricamente.

—Mamá, ¿por qué te casaste con papá?
—¡Ah! —replicó la madre—. ¡Luego tú también te lo preguntas!

—¿Nos conocimos en Texas?
—Nunca he estado en Texas.
—Ni yo tampoco. Supongo que han debido ser otras dos personas.

Esos borrachos, esos inconscientes han estado dominando a toda la humanidad. Locos y borrachos; ellos han sido nuestros factores de decisión en el pasado. Nunca hemos escuchado a los iluminados. Los iluminados no pueden hablar acerca de mejorar al hombre. Es como decirle a una persona enferma: «Te daré medicina para mejorar tu enfermedad». La persona enferma no quiere que su enfermedad mejore; quiere librarse de ella, quiere estar sano.

El meditador

He escuchado describir la meditación como una
ciencia, y en otras ocasiones como un arte;
en ocasiones has llegado incluso a decir
que es un truco. Por favor, explícalo.

La meditación es un misterio tal que se le puede llamar
ciencia, arte o truco, sin caer en ninguna contradicción.

Desde un punto de vista es una ciencia, porque hay
una técnica muy delimitada que hay que seguir. No existen
excepciones, es casi una ley científica. Pero desde otro
punto de vista diferente, también se puede decir que es un
arte. La ciencia es una extensión de la mente. Son matemáticas, es lógica, es racional.

La meditación pertenece al corazón, no a la mente; no
es lógica; está más cerca del amor.

No es como otras actividades científicas, sino más parecido a la música, a la poesía, la pintura, la danza; por
eso, se le puede llamar un arte. Pero la meditación es un
misterio tan grande que llamándola «ciencia» y «arte» no
llegas a abarcarla. Es un truco; o lo captas o no lo captas.
Un truco no es una ciencia, no puede enseñarse. Un truco
no es un arte. Un truco es algo misterioso para la comprensión humana.

Por ejemplo, puede que hayas conocido a alguien...,

hay gente que tiene la habilidad de hacerse amigo inmediatamente. Basta encontrártelo en un autobús durante unos momentos para que de repente sientas como si os conocierais de siempre, quizá de muchas vidas. Y tú no puedes indicar con precisión qué es lo que está sucediendo, porque es la primera vez que ves a este hombre... Un truco es algo misterioso, poca gente lo capta.

Conozco a un hombre que puede mover ¡los lóbulos de las orejas! No he conocido a nadie más que pueda mover las orejas. ¿Cómo llamas a esto? ¿Una ciencia, o qué? Porque le he preguntado a los médicos: «¿Qué opinión tenéis sobre que se puedan mover los lóbulos de las orejas?». Me respondieron: «Es imposible». Pero llevé a mi amigo a un médico y le dije: «Enséñaselo al doctor...». El médico dijo: «¡Oh, Dios mío! Es capaz de mover los lóbulos de las orejas con facilidad, sin ningún problema».

De hecho, estos lóbulos no tienen una posibilidad biológica de movimiento, no tienes control sobre ellos. Inténtalo: no tienes ningún control. Son *tus* lóbulos pero no tienes ningún control. Pero conozco un hombre que lo consigue. Le pregunté: «¿Cómo lo consigues?». Me dijo: «No lo sé. Siempre lo he hecho». Es absolutamente imposible, físicamente imposible, porque para mover esos lóbulos necesitas un determinado sistema nervioso para controlarlos, y el sistema nervioso no está ahí. El lóbulo es sólo carne.

La meditación, en última instancia, también es un truco.

Por eso durante miles de años la gente ha estado meditando, enseñando, pero muy poca gente ha alcanzado grandes alturas en la meditación, y muy poca gente ni siquiera lo ha intentado. La gran mayoría de la humanidad ni siquiera se ha preocupado de pensar en ello. Es algo..., una semilla con la que naces. Si no tienes la semilla, puede que un maestro derrame todo su éxtasis sobre ti, y a pesar de eso no te sucederá nada. Y si la semilla está ahí, sólo con la presencia del maestro, sólo con su manera de mirarte a los ojos, sucede algo en ti de tremenda importancia, una revolución que eres incapaz de explicar a nadie.

Una de las dificultades para todos los meditadores lo constituye el no poder explicar a sus amigos, a sus familias, lo que están haciendo..., porque la mayoría de la humanidad no está interesada en ello en absoluto. Y los que no están interesados en absoluto simplemente piensan que las personas que están interesadas tienen algo un poco flojo en la cabeza, que algo anda mal.

«Sentado en silencio, sin nada que hacer, la primavera llega y la hierba crece espontáneamente», pero en primer lugar, ¿por qué te tienes que preocupar de la hierba? El hermoso *haiku*[1] de Basho les parecerá absurdo. La hierba crecerá espontáneamente, ¡tanto si te sientas en silencio como si no! ¿Para qué desperdiciar tu tiempo? La hierba va a crecer espontáneamente. Deja que llegue la primavera; la primavera llega espontáneamente, la hierba crece espontáneamente. ¿Por qué estás desperdiciando tu tiempo? Haz otra cosa mientras tanto.

Si un hombre no tiene algo en su corazón, una pequeña semilla, entonces para él es imposible. Puede aprender la técnica, puede aprender el arte. Pero si no conoce el truco no va a tener éxito. Por eso miles de personas empiezan a meditar, pero muy pocos, tan pocos que se pueden contar con los dedos de las manos, alcanzan alguna vez la iluminación. Y a menos que la meditación se convierta en iluminación, simplemente has desperdiciado tu tiempo.

---

1. Estrofa japonesa de tres versos sin rima que relaciona una impresión de la naturaleza con otra de la condición humana. *(N. de los T.)*

¿Cuáles son las señales de que la meditación de uno está yendo más profundo?

En realidad no hay señales en el camino, porque no hay un camino fijo. Y todo el mundo va por un camino diferente, no estamos en una sola carretera. Incluso si estás siguiendo la misma técnica de meditación no estás en el mismo camino; no puedes estarlo. No existe un camino público. Cada camino es individual y personal: por eso ninguna experiencia en el camino te ayudará; en vez de eso, te podrían hacer daño.

Alguien podría estar viendo algo en su camino. Si te dice que ese es un signo de progreso, puede que tú no te encuentres con el mismo símbolo en tu camino. Puede que en tu camino no estén los mismos árboles, puede que en tu camino no estén las mismas piedras. Por eso no seas una víctima de todas estas tonterías. Sólo tienen importancia algunas sensaciones internas. Por ejemplo, si estás progresando, entonces algunas cosas empezarán a suceder espontáneamente. Primero: cada vez te sentirás más contento.

En realidad, cuando se ha cumplido el objeto de la meditación, uno está tan contento que se olvida de meditar; porque la meditación es un esfuerzo, un descontento. Si un día te olvidas de meditar y no sientes ninguna adicción, no sientes ningún vacío, estás tan lleno como siempre, deberás saber que es una buena señal. Habrá muchos que meditarán, y que si no meditan les sucede un extraño fenómeno. Si lo hacen, no sienten nada. Si no lo hacen, entonces sienten el vacío. Si lo hacen no les ocurre nada. Si no lo hacen, sienten que les falta algo.

Esto es sólo un hábito. Como fumar, como beber, como cualquier cosa, es sólo un hábito. No hagas de la meditación un hábito. ¡Deja que esté viva! Entonces el descontento irá desapareciendo poco a poco; sentirás contentamiento. Y no sólo mientras estás meditando. Si algo sucede sólo cuando estás meditando es falso, es una hipnosis. Te hace bien, pero no va a ser muy profundo. Es bueno sólo por comparación. Si no sucede nada, ni meditación, ni algún momento de éxtasis, no te preocupes. Si está sucediendo algo, no te aferres. Si la meditación va correctamente, en profundidad, te sentirás transformado a lo largo de todo el día. Y un contentamiento sutil estará presente en todo momento. Sentirás en tu interior un centro sereno: contentamiento.

Por supuesto, habrá resultados. La rabia será cada vez menos habitual. Irá desapareciendo. ¿Por qué? Porque la rabia muestra una mente no meditativa; una mente que no está a gusto consigo misma. Por eso te enfadas con los demás: básicamente, estás enfadado contigo mismo. Porque estás enfadado contigo mismo, sigues enfadándote con los demás.

¿Has observado que sólo te enfadas con aquellas personas que te son muy próximas? Cuanto más intimidad, más rabia. ¿Por qué? Cuanto más grande sea la distancia entre tú y la otra persona, menos rabia habrá. No te enfadas con un extraño. Te enfadas con tu mujer, con tu marido, con tu hijo, con tu hija, con tu madre. ¿Por qué? ¿Por qué te enfadas más con las personas con las que tienes mayor intimidad? La razón es esta: estás enfadado contigo mismo. Cuanto más intimidad tiene una persona contigo, más identificado está contigo. Estás enfadado contigo mismo, por eso siempre que tienes a alguien cerca puedes echarle tu rabia encima. Se ha vuelto parte de ti.

Con la meditación estarás cada vez más feliz contigo mismo; recuerda, contigo mismo.

Es un milagro cuando alguien está más feliz con uno mismo. Nosotros, o estamos felices con alguien o enfadados con alguien. Cuando uno va sintiéndose más feliz con uno mismo, esto es *realmente* enamorarse de uno mismo. Y cuando estás enamorado de ti mismo, es difícil enfadarse.

Todo el asunto te parece ridículo. Habrá cada vez menos rabia, cada vez más amor y más compasión. Estos serán los signos, los signos generales.

Por eso no te creas que has conseguido algo si empiezas a ver luces o si estás viendo bonitos colores. Están bien, pero no te des por satisfecho a menos que haya cambios psicológicos reales: menos rabia, más amor; menos crueldad, más compasión. A menos que suceda esto, el que estés viendo luces y colores, y escuchando sonidos, es un juego de niños. Son hermosos, muy hermosos; está bien jugar con ellos, pero no son el objeto de la meditación. Suceden en el camino, son sólo la consecuencia, pero no les des importancia.

Mucha gente viene a mí y me dice: «Ahora estoy viendo una luz azul, ¿qué quiere decir este signo? ¿Cuánto he progresado?». Una luz azul no servirá porque tu rabia está emitiendo una luz roja. Tienen importancia los cambios psicológicos básicos, por eso no vayas detrás de los juguetes. Esos son juguetes, juguetes espirituales. Son objetos, no fines en sí mismos.

En una relación, observa lo que está sucediendo. ¿Cómo te estás comportando ahora con tu esposa? Fíjate. ¿Se ha producido algún cambio? Ese cambio es significativo. ¿Cómo te estás comportando con tu criado? ¿Se ha producido algún cambio? Ese cambio es significativo. Y si no hay ningún cambio, entonces tira tu luz azul; no te sirve para nada. Te estás engañando y te puedes seguir engañando. Estos son trucos fáciles de conseguir.

Por esto el hombre presuntamente religioso comienza a sentirse religioso: porque ahora está viendo esto y aquello. Pero sigue siendo el mismo; ¡incluso empeora! Tus progresos se deben observar en tus relaciones. Las relaciones son el espejo: mira tu rostro en ellas. Recuerda siempre que las relaciones son el espejo. Si tu meditación va profundizando, tus relaciones cambiarán; ¡cambiarán completamente! El amor será la nota básica de tus relaciones, no la violencia. En la actualidad, la violencia es la nota básica. Incluso cuando miras a alguien, le miras de un modo violento. Pero estás acostumbrado.

La meditación para mí no es un juego de niños, es una profunda transformación. ¿Cómo darse cuenta de esta transformación? Está siendo reflejada constantemente en tus relaciones. ¿Intentas poseer a alguien? Entonces eres violento. ¿Cómo puede uno poseer a alguien? ¿Estás tratando de dominar a alguien? Entonces eres violento. ¿Cómo puede uno dominar a alguien? El amor no puede dominar, el amor no puede poseer.

Por eso, en todo lo que estés haciendo sé consciente, obsérvalo y sigue meditando. Pronto empezarás a sentir el cambio. De pronto dejas de ser posesivo en las relaciones. Poco a poco, el ansia de poseer desaparece y cuando ha desaparecido la relación tiene una belleza en sí misma. Cuando está presente eres posesivo, todo se vuelve sucio, horrible, inhumano. Pero somos tan embusteros que no nos miramos a nosotros mismos en nuestras relaciones, porque ahí se puede ver nuestra cara real. Por eso cerramos los ojos a nuestras relaciones y seguimos pensando que vamos a ver algo dentro.

Dentro no puedes ver nada. Primero sentirás tu transformación interna en tus relaciones externas y luego irás más profundo. Sólo entonces empezarás a sentir algo en tu interior. Por eso, prueba, penetra en tus relaciones y mira allí si tu meditación está progresando o no.

Si sientes un amor creciente, un amor incondicional, si sientes compasión sin motivo, si sientes una preocupación por el bienestar de los demás, por la abundancia, tu meditación está creciendo. Entonces olvídate de todo lo demás. Con esta observación observarás muchas cosas en ti mismo. Serás más silencioso, menos ruidoso en tu interior. Cuando haga falta hablarás, cuando no haya necesidad estarás en silencio. En este momento no puedes estar en silencio en tu interior. Te sentirás más a gusto, relajado. Cualquier cosa que hagas será un esfuerzo relajado; no habrá tensión. Serás cada vez menos ambicioso. Por último, la ambición desaparecerá. Hasta la ambición de alcanzar *moksha*[1] desaparecerá. Cuando sientes que incluso el deseo de alcanzar moksha ha desaparecido, has alcanzado moksha. Ahora eres libre, porque el deseo es la esclavitud. Incluso el deseo de liberación es esclavitud. Incluso el deseo de no tener deseos es esclavitud.

Siempre que el deseo desaparece por algo, entras en lo desconocido. La meditación ha alcanzado su meta. Entonces el *samsara*[2] es moksha: este mundo en sí mismo ya es liberación. Entonces esta orilla es la otra orilla.

---

1. En la filosofía hindú, liberación. *(N. de los T.)*
2. Ciclo continuo de muerte y renacimiento al que está sujeto el individuo hasta su liberación. *(N. de los T.)*

El guerrero

¿Cómo puedo ser un guerrero siendo al mismo tiempo un hombre de negocios y un profesional? ¿Voy a quedarme sin iluminación?

Ser un guerrero no significa ser un soldado, es sólo una cualidad de la mente. Puedes ser un hombre de negocios y un guerrero; puedes ser un guerrero y un hombre de negocios.

«Hombre de negocios» significa una cualidad mental que está siempre regateando, tratando de dar menos y sacar más. Eso es lo que quiero decir cuando uso la palabra «hombre de negocios»: tratar de dar menos por más, siempre regateando, siempre pensando en el beneficio. Un guerrero es de nuevo una cualidad mental, la cualidad del jugador, la cualidad de poder arriesgar todo de esta manera o de la otra, no la de uno que regatea; una mente que no transige.

Si un hombre de negocios piensa en la iluminación, piensa en ella como una ventaja más. Tiene una lista: tiene que construir un gran palacio, tiene que comprar esto y aquello, y al final tiene que comprar además la iluminación. Pero la iluminación está siempre en último lugar: cuando ya está todo hecho, entonces; cuando ya no queda nada por hacer, entonces. Y esa iluminación también la tiene que comprar porque él sólo entiende de dinero.

Sucedió que un hombre importante y rico llegó a Mahavira. Era verdaderamente muy rico; podía comprar cualquier cosa, incluso reinos. Hasta los reyes le pedían dinero prestado.

Llegó a Mahavira y le dijo:

—He oído hablar tanto de la meditación y durante el tiempo que has estado aquí has creado una moda entre mi gente; todo el mundo está hablando de meditación. ¿Qué *es* la meditación? ¿Cuánto cuesta, y dónde puedo comprarla?

Mahavira dudó; entonces el hombre dijo:

—No te preocupes en absoluto por el precio. Simplemente dímelo y yo lo pagaré; no hay ningún problema.

¿Cómo explicárselo a este hombre? Mahavira no sabía qué decirle. Finalmente, Mahavira dijo:

—Ve... En tu ciudad hay un hombre, un hombre muy pobre; quizá él esté dispuesto a vender su meditación. Él ha llegado, y es tan pobre que podría estar dispuesto a venderla.

El hombre dio las gracias a Mahavira, fue corriendo a ver al hombre pobre, llamó a su puerta y le dijo:

—¿Cuánto pides por tu meditación? Quiero comprar tu meditación.

El hombre se echó a reír. Le dijo:

—Me puedes comprar a mí, de acuerdo. Pero, ¿cómo puedo darte mi meditación? Es una cualidad de mi ser, no es una mercancía.

Pero los hombres de negocios siempre han pensado de esta manera. Hacen donaciones para comprar algo, crean templos para comprar algo. Dan, pero su dar no es nunca un dar; es siempre para conseguir algo, es una inversión.

Cuando te digo que seas un guerrero, quiero decir que seas un jugador, que lo arriesgues todo. Entonces la iluminación se convierte en un asunto de vida o muerte, no en una mercancía, y estás dispuesto a perder todo por ella. Y no estás pensando en el beneficio.

La gente viene a mí y me pregunta: «¿Qué vamos a ganar con la meditación? ¿Qué propósito tiene? Si le dedicamos una hora a la meditación, ¿cuál será el beneficio?». Toda su vida es economía.

Un guerrero no va detrás del beneficio; un guerrero va buscando alcanzar un clímax, una experiencia culminante. ¿Qué hace el guerrero cuando lucha en la guerra? Vuestros soldados han dejado de ser guerreros, son sólo funcionarios. Los guerreros han abandonado esta tierra porque todo este asunto se resuelve ahora con tecnología. Tiras una bomba en Hiroshima; el piloto no es un guerrero. Lo podría hacer hasta un niño, cualquier loco lo podría hacer; de hecho, sólo un loco puede hacerlo. Tirar la bomba en Hiroshima no es ser un luchador o un guerrero.

La guerra ya no es lo que era en el pasado; ahora puede hacerlo cualquiera, y antes o después lo harán sólo con dispositivos mecánicos. Puede hacerlo un avión sin piloto; y el avión no es un guerrero. La cualidad se ha perdido.

El guerrero se enfrentaba, se encontraba con el enemigo cara a cara. Imagina a dos personas con las espadas desenvainadas frente a frente: ¿pueden pensar? Si piensan serán derrotados. El pensamiento se detiene; cuando las espadas están en alto el pensamiento se detiene. No pueden planear porque si planean en ese momento, el otro golpeará. Se mueven espontáneamente, se convierten en no mentes. El peligro es tan grande, la posibilidad de morir está tan cerca, que no se le puede permitir funcionar a la mente. La mente necesita tiempo; en las emergencias la mente no puede funcionar. Cuando estás sentado en tu silla puedes pensar, pero cuando estás frente al enemigo no puedes pensar.

Si vas por una calle, una calle oscura, y de repente ves una serpiente, una serpiente peligrosa allí sentada, ¿qué harás? ¿Te pondrás a pensar? No, darás un salto. Y ese salto no vendrá de tu mente porque tu mente necesita tiempo, y las serpientes no tienen tiempo; no tienen mente. La serpiente te atacará, por eso no puedes dejar que entre la mente. Cuando estás frente a la serpiente saltas, y ese salto viene de tu ser; llega antes que el pensamiento. Primero saltas y luego piensas.

Esto es lo que denomino la cualidad del guerrero: la acción llega sin pensar, la acción es sin mente; la acción es total. Te puedes convertir en un guerrero sin ir a la guerra, no hace falta ir a la guerra.

Toda la vida es una situación de emergencia y por todos los lados hay enemigos y serpientes, feroces animales salvajes listos para atacarte. Toda la vida es una guerra. Si estás alerta verás que toda la vida es una guerra, y que en cualquier momento puedes morir; por eso la situación de emergencia es permanente. Estate alerta, sé como un guerrero moviéndose entre el enemigo. En cualquier momento, en cualquier lugar, puede saltar sobre ti la muerte; no dejes entrar a la mente. Y sé un jugador; este salto sólo pueden darlo los jugadores. El salto es tan grande que aquellos que están pensando en beneficios no pueden darlo. Es un riesgo, un gran riesgo; podrías perderte y podrías no ganar nada. Viniendo a mí podrías perderlo todo y no ganar nada.

Repetiré uno de los dichos de Jesús: «Quien se aferre a la vida, quien trate de preservarla, la perderá; y quien esté dispuesto a perderla la conservará». Eso es hablar en el idioma de un jugador: piérdela; esa es la manera de conservarla. Muere; ese es el modo de alcanzar la vida eterna, la vida inmortal.

Cuando digo un hombre de negocios, estoy diciendo una mente calculadora, astuta. No seáis calculadores. Los niños jamás son hombres de negocios, y es difícil encontrar un adulto que no sea un hombre de negocios. Todo niño es un guerrero y todo adulto es un negociante. Cómo se convierten en negociantes todos los guerreros es una larga historia: toda la sociedad, la educación, la cultura, el condicionamiento, te vuelve más miedoso, más asustado. No puedes correr riesgos, y todo lo que es hermoso *es* arriesgado.

El amor es un riesgo. La vida es un riesgo. Dios es un riesgo. Dios es el riesgo supremo, y no lo alcanzarás por medio de las matemáticas, sino tomando el mayor riesgo, arriesgando todo lo que tienes. Y tú no conoces lo desconocido: arriesgas lo conocido y no conoces lo desconocido.

La mente negociante te dirá: «¿Qué estás haciendo, perdiendo todo lo que tienes por aquello que nadie sabe si existe o no?». La mente del guerrero dice: «Lo conocido ya ha sido conocido, deja de tener interés; se ha convertido en una carga y es inútil transportarla. Lo desconocido debe de ser conocido ahora, y debo de arriesgar lo conocido por lo desconocido».

Y si puedes arriesgar, arriesgando totalmente, no guardándote nada, sin hacerte trampas, sin ocultar nada; de repente lo desconocido te envuelve. Y cuando llega, te haces consciente de que no sólo es lo desconocido, también es lo incognoscible. No está en contra de lo conocido, está más allá de lo conocido. Para adentrarse en esa oscuridad, para adentrarse en ese lugar inexplorado sin mapas, sin senderos, para adentrarse sólo en ese absoluto, hace falta tener la cualidad del guerrero.

A muchos de vosotros todavía os queda algo de esto porque una vez fuisteis niños; erais todos guerreros, soñabais con lo desconocido. Esa infancia está oculta pero no puede ser destruida; está ahí, todavía tiene un rincón propio en tu ser. Deja que funcione; sed como niños y seréis de nuevo guerreros. Eso es lo quiero decir.

Y no te deprimas por tener una tienda y ser un hombre de negocios. No te deprimas; puedes ser un guerrero en cualquier lugar. Tomar riesgos es una cualidad de la mente, una cualidad infantil, confiar e ir más allá de lo que es seguro.

El más grande de los guerreros no tiene nada que ver con la guerra. No tiene nada que ver con luchar con otros. Tiene algo que ver con algo dentro de sí mismo. Y a pesar de que trae la victoria, no es una lucha, no es una guerra, no es un conflicto. Pero hay que ser guerreros porque uno tiene que estar muy alerta, como un guerrero.

Hay que ser muy observador, muy meditativo, porque uno se está adentrando en la zona más oscura de la existencia.... Al final hay luz, luz infinita, pero primero uno tiene que pasar a través de una gran noche del alma. Hay todo tipo de trampas, muchas posibilidades de extraviarte y hay todo tipo de enemigos internos. No hay que matarlos o destruirlos; tienen que ser transformados, tienen que ser convertidos en amigos. La rabia tiene que ser transformada en compasión, el deseo en amor, y así con todo. Por eso no es una guerra, pero sin duda uno necesita ser un guerrero.

De este modo es como, en Japón, surgió de la meditación todo el mundo del samuray, del guerrero, y así es como todos los tipos de artes marciales se convirtieron en caminos hacia la paz interior. La esgrima se convirtió en una de las prácticas más meditativas de Japón. Uno tiene que estar muy alerta porque..., un solo momento de inconsciencia y acaban contigo.

El verdadero luchador de esgrima se vuelve tan alerta que antes de que otra persona le vaya a atacar, él lo sabe. Antes de que el pensamiento de ataque ni siquiera se haya cruzado por la mente del otro, él se ha preparado. Está listo. Su observación se vuelve tan profunda que comienza a leer el pensamiento del otro. Se dice que si dos verdaderos samuráis luchan no puede ganar nadie. La lucha puede continuar pero nadie puede vencer porque ambos estarán leyendo la mente del otro. Y antes de que puedas atacar, el otro está listo para defenderse.

La esgrima se convirtió en uno de los grandes focos de iluminación. Parece raro, pero Japón ha hecho muchas cosas realmente extrañas. Desde beber té hasta la esgrima, todo ha sido convertido en meditación. De hecho la vida entera puede ser transformada en meditación, porque la meditación simplemente significa estar más consciente.

Por eso ve hacia dentro y sé más consciente. Un día la victoria será tuya, puedes tener la absoluta seguridad. Sólo tienes que cumplir con este requisito: tienes que ser totalmente consciente.

Una vez un samuray zen, un guerrero zen, volvió a casa del frente antes de lo previsto y se encontró a su criado haciendo el amor con su esposa. Siendo un hombre de zen le dijo a su criado:

—No te preocupes, acaba tu trabajo. Te espero fuera. Tendrás que agarrar una espada con las manos y luchar conmigo. Está bien todo lo que está pasando. Te espero fuera.

El pobre criado se echó a temblar. Ni siquiera sabía cómo agarrar la espada, y su amo era un guerrero famoso; le iba a cortar la cabeza de un solo golpe. Por eso salió corriendo por la puerta trasera a ver al maestro zen, que también era maestro del guerrero. Le dijo al maestro:

—Me he metido en un lío. Es culpa mía, pero ha sucedido.

El maestro escuchó su historia y dijo:

—No hace falta que te preocupes. Te enseñaré a sujetar la espada, y también te voy a decir que no importa que tu amo sea un gran guerrero. Lo que importa es la espontaneidad. Y tú serás el mejor en espontaneidad, porque parece que él está confiado: ni se plantea que este criado vaya a sobrevivir. Será casi como un gato jugando con un ratón. Por eso no te preocupes. Sé total, y golpéale fuerte porque esa es tu única oportunidad de vivir, de supervivencia. Por eso no vayas a medias, no te supedites pensando que quizá te vaya a perdonar. Nunca te perdonará; tienes que luchar con él. Le has provocado y desafiado. Pero no pasa nada, puedo ver que acabarás ganando.

El criado no podía creérselo y el maestro dijo:

—Deberías entender que también soy su maestro y sé que va a reaccionar de acuerdo a su entrenamiento. Sabiendo que va a ganar, no puede ser incondicional; y a ti no te queda más alternativa que ser incondicional. Sé total. No sabes dónde ni cómo golpear, por eso golpéale en cualquier parte. ¡Vuélvete loco!

El criado dijo:

—Si tú lo dices, así lo haré. En realidad, no tengo ninguna posibilidad de sobrevivir; entonces, ¿por qué no hacerlo totalmente?

Viendo que llegaba el momento, aprendió a sujetar la espada, regresó y desafió a su amo:

—¡Venga, vamos!

El samuray no se lo podía creer. Estaba pensando que su criado caería a sus pies llorando y gimiendo y diría:

—¡Perdóname!

Pero, en vez de eso, el criado rugía como un león y ¡tenía la espada de su maestro zen! Reconoció la espada y le dijo:

—¿De dónde la has sacado?

El criado respondió:

—De tu maestro. Venga, vamos, decidamos esto de

una vez por todas. Uno de los dos sobrevivirá, pero los dos no.

El samuray sintió un pequeño temblor en su corazón, pero siguió pensando todavía:

—¿Cómo es posible? Son años de aprendizaje... He estado luchando en guerras durante años, y este pobre criado...

Pero tuvo que sacar su espada.

El criado se volvió totalmente loco. No sabiendo dónde golpear, golpeaba en todas partes.... El samuray estaba en desventaja porque podía pelear con cualquier guerrero que supiera pelear, pero este hombre no sabía nada y ¡estaba haciendo todo tipo de cosas! El criado le empujó contra el muro, y el samuray tuvo que decirle:

—Por favor, perdóname. Me vas a matar. No sabes luchar, ¿qué estás haciendo?

El criado dijo:

—No se trata de hacer. Son mis últimos instantes; voy a hacerlo todo con totalidad.

El criado se convirtió en el vencedor, y el guerrero también fue al maestro y dijo:

—¿Qué milagro has hecho? En cinco minutos se convirtió en un gran guerrero, y estaba dando tales golpes, de una forma tan estúpida, que me podía haber matado. No sabe nada pero me podía haber matado. Me arrinconó contra el muro de mi casa, me puso su espada contra mi pecho. Le tuve que pedir perdón y le tuve que decir que estaba bien lo que había hecho y que podía continuar.

El maestro le dijo:

—Tienes que aprender una lección; finalmente, lo que importa es la totalidad, la incondicionalidad absoluta..., es igual que traiga la victoria o la derrota. Lo que importa es que este hombre era total, y que un hombre total nunca es derrotado. Su totalidad es su victoria.

El jugador

¿Qué significa vivir peligrosamente?

Vivir peligrosamente significa vivir. Si no vives peligrosamente, no vives. La vida sólo florece en el peligro. La vida nunca florece en la seguridad; sólo florece en la inseguridad.

Si empiezas a vivir sin riesgos te conviertes en una charca estancada. Entonces tu energía deja de moverse. Entonces tienes miedo, porque uno nunca sabe cómo adentrarse en lo desconocido. Y, ¿para qué arriesgarse? Lo conocido es más seguro. Después te obsesionas con lo conocido. Te sigue hartando, te aburre, te hace sentir desgraciado pero aún sigue pareciéndote familiar y confortable. Y por lo menos es conocido. Lo desconocido te hace temblar. La misma idea de lo desconocido te hace sentir inseguro.

Sólo hay dos tipos de personas en el mundo. Las personas que quieren vivir confortablemente..., están buscando la muerte, quieren una tumba confortable. Y las personas que quieren vivir, escogen vivir peligrosamente, porque la vida prospera sólo cuando hay riesgo. ¿Has ido alguna vez a escalar montañas? Cuanto más alto subes, más renovado te sientes, más joven. Cuanto más grande es el peligro de caer, cuanto más grande es el abismo que hay a tu lado, más vivo estás..., cuando estás entre la vida y la muerte, colgando entre la vida y la muerte. Entonces no hay aburrimiento, no hay polvo del pasado, ni deseo para el futuro. Entonces el momento presente es muy afilado, como una llama. Es suficiente. Vives en el aquí y ahora... O cuando estás haciendo surf, esquiando o planeando: cuando hay riesgo de perder la vida hay una tremenda alegría, porque el riesgo de perder la vida te hace estar tremendamente vivo. Por eso a la gente le atraen los deportes peligrosos.

La gente escala montañas. Alguien le preguntó a Hillary: «¿Por qué trataste de subir al Everest?». Y Hillary respondió: «Porque está ahí, es un desafío constante». Era arriesgado, mucha gente había muerto antes. Desde hace casi sesenta o setenta años han estado yendo grupos, y era casi una muerte segura. Pero la gente seguía yendo. ¿Cuál era la atracción?

Subir más alto, ir mucho más lejos de lo conocido, de la vida rutinaria, te conviertes de nuevo en un salvaje, vuelves a formar parte del mundo animal. Vuelves a vivir como un tigre, un león o un río. De nuevo asciendes a los cielos como los pájaros, cada vez más lejos. Y en cada momento que pasa, la seguridad, la cuenta bancaria, la esposa, el marido, la familia, la sociedad, la iglesia, la respetabilidad, todo eso se va difuminando en la lejanía, volviéndose cada vez más distante. Te quedas solo.

Por eso la gente está tan interesada en los deportes. Pero tampoco es un peligro real porque puedes convertirte en un experto. Puedes aprenderlo, te puedes entrenar. Es un riesgo muy calculado, si me permites la expresión, riesgo calculado. Puedes aprender montañismo y adoptar todas las precauciones: O conducir, conducción deportiva. Puedes ir a 250 kilómetros por hora. Es peligroso, es emocionante. Pero te puedes volver un experto y el peligro es sólo para los novatos; para ti no lo es. Y aunque lo haya, es muy marginal. Además, todos estos riesgos son riesgos físicos, sólo está implicado el cuerpo.

Cuando te digo vive peligrosamente quiero decir que tomes no sólo riesgos físicos, sino psicológicos y finalmente espirituales. La religión es un riesgo espiritual. Es ir a unas alturas de las que quizá no haya posibilidad de regresar.

Cuando te digo vive peligrosamente quiero decir que no vivas una vida ordinariamente respetable..., alcalde de la ciudad o miembro de la cooperación. Esto no es vida. O eres ministro, o tienes una buena profesión y estás ganando mucho, y el dinero se va acumulando en el banco y todo va a la perfección. Cuando todo está yendo a la perfección, fíjate, te estás muriendo y no pasa nada. Puede ser que la gente te respete y cuando te mueras, una gran procesión seguirá tu cortejo. Bueno, eso es todo. En los periódicos publicarán fotos tuyas y escribirán editoriales, y después la gente te olvidará. Y has vivido toda tu vida sólo para esto.

Observa; uno puede desperdiciar su vida por cosas ordinarias, por cosas mundanas. Ser espiritual significa entender que esas pequeñas cosas no deberían tener demasiada importancia. No estoy diciendo que no tengan significado. Estoy diciendo que tienen significado, pero no tanto como tú te crees.

El dinero es necesario. Es una necesidad. Pero el dinero no es el objetivo y no puede serlo. Una casa es una necesidad, sin duda. Es una necesidad. No soy un asceta y no quiero que destroces tu casa y huyas a los Himalayas. La casa es una necesidad, pero la casa es una necesidad para *ti*. No me malentiendas. Bajo mi punto de vista, este asunto está patas arriba. Las personas viven como si fueran una necesidad para la casa. Siguen trabajando para la casa. Como si fueran necesarios para la cuenta del banco; simplemente, van acumulando dinero y luego mueren. Y nunca han vivido. Nunca han tenido un solo momento de vida palpitante y fluyente. Estaban aprisionados en la seguridad, en la familiaridad, en la respetabilidad.

Entonces, es natural que te sientas aburrido. La gente llega a mí y me dice que están muy aburridos. Se sienten hartos, atascados. ¿Qué hacer? Creen que con sólo repetir un mantra volverán a la vida. No es tan fácil. Tendrán que cambiar su patrón de vida.

Ama, pero no pienses que mañana esa mujer estará disponible para ti. No te esperes eso. No reduzcas a esa mujer a una esposa. Entonces estás viviendo peligrosamente. No reduzcas ese hombre a un marido, porque un marido es algo feo. Deja que tu hombre sea un hombre y que tu mujer sea una mujer. Y no hagas que tu día de mañana sea predecible. No esperes nada y estate preparado para todo. Esto es lo que quiero decir con vive peligrosamente.

¿Qué es lo que hacemos? Nos enamoramos de una mujer e inmediatamente vamos al juez, a la oficina del registro o a la iglesia a casarnos. No estoy diciendo que no te cases. Es una formalidad. Está bien, satisface a la sociedad. Pero, en el fondo de tu mente, nunca poseas a una mujer. Jamás, ni por un momento, digas «me perteneces»; porque, ¿cómo te puede pertenecer una persona? Y cuando empiezas a poseer a una mujer, ésta te empieza a poseer a ti. Entonces, los dos dejáis de estar enamorados. Sólo os estáis aplastando y matando mutuamente, paralizando mutuamente.

Ama, pero no degrades tu amor a través del matrimonio. Trabaja —hay que trabajar—, pero no dejes que tu trabajo se convierta en tu única vida.

El juego debería ser tu vida, el centro de tu vida. El trabajo debería ser un medio para el juego. Trabaja en la oficina, trabaja en la fábrica y trabaja en la tienda, pero sólo para tener tiempo, oportunidad de jugar. No dejes que tu vida se reduzca a una rutina de trabajo, porque la meta de la vida es *jugar*.

Jugar quiere decir hacer algo por el puro placer de hacerlo.

Vienes a mí incluso para meditar, y te tomas la meditación como un trabajo. Piensas que hay que hacer algo para alcanzar a Dios. Es una tontería. De esa forma no se puede meditar. Tienes que jugar, tienes que tomártelo como algo divertido. No tienes que tomártelo en serio. Tienes que disfrutarlo. Cuando lo disfrutas, progresas. Cuando empiezas a tomártelo como un trabajo, una obligación que hay que cumplir —porque lo tienes que hacer, has de alcanzar *moksha*, *nirvana*[1], liberación—, entonces has vuelto a traer tus tontas categorías al mundo del juego.

La meditación es un juego, un *léela*[2]. La disfrutas en sí misma.

Si disfrutas muchas más cosas por sí mismas estarás más vivo. Por supuesto, siempre habrá riesgo en tu vida, peligro. Pero la vida tiene que ser así. El riesgo forma parte de ello. De hecho, la mejor parte de la vida es el riesgo, es la mejor parte. La parte más hermosa es el riesgo. Cada momento es un riesgo. Quizá no seas consciente de ello. Inspiras, expiras. Hay un riesgo. Incluso al expirar, ¿quién sabe si la respiración regresará o no? No es seguro, no hay garantía.

Pero hay algunas personas cuya religión es la seguridad. Incluso cuando hablan de Dios, hablan de él como la seguridad suprema. Si piensan en Dios, sólo lo hacen porque están asustados. Si van a rezar y a meditar, sólo lo hacen para aparecer en el libro de los buenos; en el libro de los buenos de Dios. «Si hay un Dios, sabrá que yo iba a la iglesia regularmente, era un devoto muy regular. Puedo alegarlo». Su oración también es un medio.

---

1. Término budista que denota el estado de iluminación en el cual todos los deseos se han extinguido. *(N. de los T.)*

2. Literalmente, «deporte», «juego»; para los hinduistas, el propósito divino detrás de la creación del universo manifiesto. *(N. de los T.)*

Vivir peligrosamente significa vivir la vida como si cada momento fuera un fin en sí mismo. Cada momento tiene su propio valor intrínseco. Y no tienes miedo. Sabes que la muerte está ahí y aceptas el hecho, y no te estás escondiendo de la muerte. En realidad, vas a su encuentro. Disfrutas esos momentos de encuentro con la muerte, físicamente, psicológicamente, espiritualmente.

Vivir peligrosamente significa disfrutar de esos momentos en los que entras en contacto directo con la muerte, en donde la muerte se convierte casi en una realidad.

El amor te pone cara a cara con la muerte. La meditación te pone cara a cara con la muerte. Venir al Maestro es venir a tu propia muerte. Estar frente a frente con alguien que ha desaparecido es entrar en un abismo en el que te puedes perder y donde te puedes convertir en aquel que nunca regresa.

Los que son valientes se tiran de cabeza. Buscan oportunidades para el peligro. Su filosofía de la vida no es la de las compañías de seguros. Su filosofía de la vida es la de un escalador, un esquiador, un surfista. Y no sólo practican el surf en los mares exteriores; hacen surf en sus mares interiores. Y no sólo escalan los Alpes y los Himalayas externos; buscan cumbres internas.

Pero recuerda una cosa: nunca te olvides del arte de arriesgar, nunca jamás. Permanece siempre capaz de arriesgar. Y cuando encuentres una oportunidad de arriesgar no la desperdicies y así nunca serás un perdedor.

El riesgo es la única garantía para estar vivo de verdad.

El creador

En el pasado, todos los artistas famosos han sido conocidos por su estilo de vida bohemio. Por favor, ¿puedes decirnos algo sobre la creatividad y la disciplina?

¡La vida bohemia es la única que vale la pena vivir! Los demás tipos de vida son tibios; más que maneras de vivir la vida apasionada e intensamente son maneras de cometer un lento suicidio. En el pasado, era inevitable que el artista viviera en rebelión, porque la creatividad es la rebelión más grande de la existencia. Si quieres crear, te tienes que liberar de todos los condicionamientos; de lo contrario, tu creatividad no será nada más que copiar, sólo será una copia. Únicamente podrás ser creativo si eres un individuo, no puedes crear si formas parte de la psicología de masas. La psicología de masas no es creativa; vive la vida como un fastidio. No conoce el baile, el canto, la diversión; es mecánica.

Por supuesto, hay ciertas cosas que la sociedad te dará sólo si eres mecánico. Conseguirás ser respetado, conseguirás honores. Las universidades te concederán licenciaturas, los países te darán medallas de oro, por último, podrías recibir el Premio Nobel. Pero todo este asunto es horrible.

Un verdadero genio descartará toda esa tontería porque es un soborno. Que te den el premio Nobel sólo significa que eres respetado por tus servicios a los poderes establecidos, que eres honrado porque has sido un buen esclavo, obediente, no te has descarriado, has seguido un camino ya recorrido.

El creador no puede seguir un camino ya recorrido. Tiene que buscar y encontrar su propio camino. Tiene que indagar en las junglas de la vida, tiene que ir solo, tiene que marginarse de la psicología de masas, de la psicología colectiva. La mente colectiva es la mente más inferior del mundo; hasta los así llamados idiotas están un poco por encima de la idiotez colectiva. Pero la colectividad tiene sus propios sobornos: respeta a las personas, honra a las personas, sólo si persisten en que el camino de la mente colectiva es el único camino correcto.

En el pasado, creadores de todos los tipos —pintores, bailarines, músicos, poetas, y escultores— tuvieron que renunciar a ser gente respetable por pura necesidad. Tuvieron que vivir un estilo de vida bohemio, la vida del vagabundo; esa era la única posibilidad que tenían de ser creativos. En el futuro no hace falta que sea así. Si me entiendes, si sientes que lo que estoy diciendo tiene algo de verdad, entonces en el futuro todo el mundo deberá vivir individualmente y no habrá necesidad de una vida bohemia. La vida bohemia es la consecuencia de una vida respetable, ortodoxa, fija y convencional.

Mi esfuerzo consiste en destruir la mente colectiva y hacer libre a cada individuo, para que sea él mismo o ella misma. Entonces no habrá ningún problema; entonces podrás vivir como quieras. De hecho, la humanidad nacerá realmente el día en que sea respetada la rebelión del individuo. La humanidad todavía no ha nacido; está todavía en el útero. Lo que ves como humanidad es sólo un fenómeno muy engañoso. A menos que demos a cada persona libertad individual, libertad absoluta para ser él mismo, para existir a su manera.... Y, por supuesto, no tiene que

interferir con nadie más; esa es parte de su libertad. Nadie debería de interferirle a nadie.

Pero en el pasado todo el mundo ha estado metiendo las narices en los asuntos de todos los demás, incluso en cosas que son absolutamente privadas, que no tienen nada que ver con la sociedad. Por ejemplo, te enamoras de una mujer; ¿qué tiene eso que ver con la sociedad? Es un fenómeno puramente personal, no es un fenómeno de interés público. Si dos personas están de acuerdo en comulgar en amor, la sociedad no debería de inmiscuirse. Pero la sociedad se inmiscuye con toda su parafernalia de forma directa, de forma indirecta. El policía se interpondrá entre los dos amantes; el magistrado se interpondrá entre los dos amantes; y por si fuera poco, la sociedad ha creado un súper policía: Dios, que se ocupará de ti.

La idea de Dios es la del mirón que no respeta tu intimidad ni en el lavabo, que mira por el agujero de la cerradura para ver lo que estás haciendo. Eso es feo. Todas las religiones del mundo están observándote; es feo. ¿Qué tipo de Dios es este? ¿No tiene otra cosa que hacer más que espiar a todo el mundo, seguir a todo el mundo? ¡Parece que es el supremo detective!

La humanidad necesita un nuevo sustrato..., una tierra de libertad. La bohemia fue una reacción, una reacción necesaria, pero si mi visión triunfa no habrá bohemia, porque no habrá una mente colectiva tratando de dominar a las personas. Entonces, todo el mundo estará relajado consigo mismo. Por supuesto, no tienes que interferir con nadie pero en lo que respecta a tu vida tienes que vivir según tus propias convicciones. Sólo entonces hay creatividad. La creatividad es la fragancia de la libertad individual.

Me preguntas: «Por favor, ¿nos puedes decir algo sobre la creatividad y la disciplina?».

Disciplina es una hermosa palabra, pero ha sido mal empleada en el pasado, como todas las demás palabras hermosas. La palabra disciplina viene de la misma raíz que la palabra discípulo; el significado etimológico de la palabra es proceso de aprendizaje. El que está dispuesto a aprender es un discípulo y el proceso de estar dispuesto a aprender es disciplina.

La persona experta no está nunca dispuesta a aprender porque piensa que ya sabe; está muy centrada en su así llamado conocimiento. Su conocimiento no es otra cosa que alimento para su ego. No puede ser un discípulo, no puede tener una auténtica disciplina.

Sócrates dice: «Sólo sé que no sé nada». Ese es el principio de la disciplina. Cuando no sabes nada, por supuesto, surge un gran anhelo por aprender, por buscar, explorar, por investigar. Y en el momento en el que empiezas a aprender, inevitablemente, le sigue otro factor: tienes que renunciar continuamente a todo lo que has aprendido; de lo contrario, se convierte en conocimiento y el conocimiento te impedirá seguir aprendiendo.

Un hombre verdaderamente disciplinado nunca acumula; muere momento a momento a todo aquello que ha llegado a conocer y se vuelve otra vez ignorante. La ignorancia es realmente luminosa. Una de las experiencias más hermosas de esta existencia es vivir en un estado luminoso de no saber. Cuando estás en un estado de no saber estás abierto. No hay barreras, estás dispuesto a explorar. Los hindúes no pueden experimentarlo, ya están repletos de conocimientos. Los musulmanes no pueden experimentarlo, tampoco los cristianos.

La disciplina ha sido malinterpretada. La gente ha estado diciendo a los demás que disciplinen su vida, que hagan esto y que no hagan aquello. Al hombre le han sido impuestos miles de deberías y no deberías, y cuando un hombre vive con miles de deberías y no deberías no puede ser creativo. Es un prisionero; por todos lados se tropezará con un muro.

La persona creativa tiene que disolver todos los deberías y no deberías. Necesita libertad y espacio, un espacio inmenso, necesita el cielo entero y todas las estrellas, sólo entonces su espontaneidad interior comenzará a crecer.

Por eso recuerda, mi significado de disciplina no es el de los diez mandamientos; no te estoy dando ninguna disciplina; te estoy dando simplemente un vislumbre de cómo seguir aprendiendo y no convertirte en un erudito. Tu disciplina tiene que salir de tu corazón, tiene que ser *tuya*, y hay una gran diferencia. Cuando otra persona te impone la disciplina nunca podrá encajar contigo; será como llevar la ropa de otro. Será siempre o demasiado floja o demasiado apretada, llevándola siempre te sentirás un poco ridículo.

Mahoma les ha dado una disciplina a los musulmanes; quizá fuera buena para él, pero no puede ser buena para todos. Buda les ha dado una disciplina a millones de budistas; quizá fuera buena para él, pero no puede ser buena para todos los demás. La disciplina es un fenómeno individual; siempre que la tomas prestada empiezas a vivir de acuerdo a principios prefijados, muertos. Y la vida nunca es muerte; la vida es un cambio constante momento a momento. La vida es un flujo.

Heráclito tiene razón: no puedes adentrarte dos veces en el mismo río. De hecho, me gustaría decir que no puedes adentrarte en el mismo río ni siquiera una vez, ¡el río va muy rápido! Hay que estar alerta, observar cada situación y sus matices, uno tiene que responder a cada situación de acuerdo al momento, no de acuerdo a cualquier otra respuesta confeccionada por otros.

¿Eres capaz de ver la estupidez de la humanidad? Hace cinco mil años, Manu les dio una disciplina a los hindúes y todavía la continúan observando. Hace tres mil años, Moisés le dio una disciplina a los judíos y todavía la siguen observando. Hace cinco mil años, Adinatha le dio su disciplina a los jainistas y todavía continúan observándola.

¡Todas estas disciplinas están volviendo loco al mundo! Son caducas, deberían haber sido enterradas hace mucho tiempo. Estás cargando cadáveres y esos cadáveres apestan. Y cuando vives rodeado de cadáveres, ¿qué tipo de vida puedes tener?

Yo te enseño el momento, la libertad del momento y la responsabilidad del momento. Una cosa podría estar bien en este momento y podría ser un error el momento próximo. No intentes ser consistente; de otra forma, estarás muerto. Sólo los muertos son consistentes.

Intenta estar vivo con todas sus inconsistencias y vive cada momento sin ninguna referencia al pasado, sin ninguna referencia al futuro tampoco. Vive el momento en el contexto del momento, y tu respuesta será total. Y esa totalidad tiene belleza y esa totalidad es creatividad. Entonces todo lo que hagas tendrá su propia belleza.

El anciano

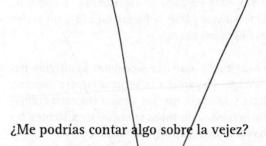

¿Me podrías contar algo sobre la vejez?

Una persona puede envejecer o bien seguir creciendo.
La persona que sólo envejece no ha vivido en absoluto. Ha
pasado el tiempo, pero no ha vivido. Toda su vida no es
más que represión. Yo te enseño a no envejecer. Eso no significa que no te hagas viejo, significa que te doy otra dimensión: seguir creciendo. Indudablemente envejecerás,
pero sólo será cierto en lo que al cuerpo se refiere. Pero tu
conciencia no envejerá, tú no envejecerás; sólo seguirás
creciendo. Seguirás madurando.

Pero todas las religiones del mundo han estado cometiendo tales crímenes que no pueden ser perdonadas. No te
han estado enseñando a vivir, te han estado enseñando a
no vivir, a renunciar a la vida, a renunciar al mundo. Este
mundo, según las religiones, es un castigo. Estás en una
cárcel. Por eso, lo único que hay que hacer es tratar de escapar de esta cárcel tan pronto como puedas. Eso no es
verdad.

La vida no es un castigo. La vida es tan valiosa que no
puede ser un castigo, es una recompensa. Y tú deberías dar
las gracias a la existencia por escogerte; por respirar a través tuyo, por amar a través tuyo, por cantar a través tuyo,
por bailar a través tuyo.

Si uno sigue creciendo en madurez y comprensión, nunca envejece; uno siempre es joven porque siempre está aprendiendo. Aprender te mantiene joven. Siempre eres joven porque no estás cargado de represiones. Y como no tienes peso, te sientes como si fueras un niño, un recién llegado a esta hermosa tierra.

He oído contar que tres sacerdotes se dirigían hacia Pittsburgh. Llegaron a la ventanilla para comprar los billetes y la mujer que los vendía era extraordinariamente hermosa. Sus ropas eran casi inexistentes, tenía unos hermosos pechos y un escote en uve.

El más joven de los sacerdotes fue hasta la ventanilla, pero se le olvidó todo sobre el viaje: sólo veía dos bonitos pechos. La mujer le preguntó:

—¿Qué puedo hacer por usted?

—Tres billetes para Tetasburg —dijo él.

La mujer se enfureció:

—¡Oiga, usted es un sacerdote! —dijo.

El segundo se aproximó y le echó a un lado. Le dijo a la mujer:

—No se enfade, él es nuevo, inmaduro. Haga el favor de darnos tres billetes para Tetasburg...

La mujer le miró, ¿estos hombres están locos o qué?

—... Y recuerde una cosa: me gustaría que me diera el cambio en monedas de pezones[1] y duros.

La mujer empezó a gritar y a chillar:

—¡Esto es demasiado!

Entonces, el sacerdote más viejo se acercó y le dijo:

—Hija mía, no se enfade. Estos hombres viven en un monasterio, no salen, no ven nada. Debería de ser un poco más comprensiva con ellos: han renunciado a

---

1. En el original, *nipples* (pezones) *and dimes* (centavos). *(N. de los T.)*

la vida. Cálmese. Bueno, necesitamos tres billetes para Tetasburg.

La mujer no se lo podía creer; ¡los tres parecían idiotas!

El viejo sacerdote dijo:

—Recuerde una cosa, se lo advierto: use ropas más convenientes para cubrir su hermoso cuerpo. De lo contrario, el día del Juicio Final San Dedo ¡le señalará con su Pedro!

Esa es la situación de la persona obsesa. Cuanto más niegas tu vida, más te obsesionas con ella. Hasta ahora, no hemos permitido que el hombre viva una vida sin obsesiones.

Todas las religiones y los gobiernos están enfadados conmigo por la sencilla razón de que estoy a tu favor, a favor de tu libertad y de una vida sin obsesiones; una vida pura, que fluye naturalmente, dichosa, haciendo de toda la vida un paraíso.

No estamos buscando ningún paraíso en las nubes. Si está ahí, lo alcanzaremos, pero primero tenemos que crear el paraíso aquí en la tierra, esa será nuestra preparación. Si podemos vivir en un paraíso aquí en la tierra, entonces dondequiera que esté el paraíso es nuestro; nadie más puede reclamarlo; ¡no, al menos, esos sacerdotes, monjes y monjas! Todas esas personas están destinadas al infierno, porque en la superficie son una cosa y en su interior son exactamente lo opuesto. Trata de ser natural.

Arriésgalo todo por ser natural y no tendrás las de perder.

¿Por qué existe la expresión «viejo verde»?
Me estoy haciendo viejo y sospecho que la gente
está empezando a pensar eso de mí.

El viejo verde existe por culpa de una sociedad represi-
va que ha durado muchísimo tiempo.

Si a la gente se le permite vivir su vida sexual disfru-
tándola, cuando tengan cerca de cuarenta y dos años —ten
en cuenta que estoy diciendo cuarenta y dos, no ochenta y
cuatro—, justo cuando están acercándose a los cuarenta y
dos años, el sexo empieza a perder su dominio sobre ellos.
Igual que el sexo aparece y se convierte en muy poderoso
cuando uno tiene catorce años, exactamente del mismo
modo, cuando uno tiene cuarenta y dos años, empieza a
desaparecer. Es su destino natural. Y cuando desaparece el
sexo, el hombre mayor tiene un amor, una compasión de
un tipo completamente distinto. No hay lujuria en su amor,
no hay deseo, no quiere sacar nada de ello. Su amor tiene
pureza e inocencia; su amor es una alegría.

El sexo te da placer. Y el sexo te da placer sólo cuando
te has adentrado en el sexo; entonces, el placer es la meta
del sexo. Si el sexo ha dejado de tener importancia, no por
represión, si no porque lo has experimentado tan profundamente que ya no tiene ningún valor... Lo has conocido, y
este conocimiento siempre trae libertad. Lo has conocido
totalmente, y porque lo has conocido, el misterio se ha
acabado, entonces no hay nada más que explorar. En ese
conocer, toda la energía, la energía sexual se transmuta en
amor, compasión. Entonces das porque te embarga la alegría. Entonces el hombre mayor es el hombre más bello del
mundo, el hombre más limpio del mundo.

No existe en ningún idioma la expresión «viejo limpio». Nunca la he escuchado. Pero esta expresión, «viejo
verde», existe en casi todos los idiomas del mundo. La razón es que el cuerpo envejece, el cuerpo se fatiga, el cuerpo

quiere librarse de toda sexualidad, pero la mente, por culpa de los deseos reprimidos, todavía siente anhelo. Cuando el cuerpo no es capaz —y la mente te sigue persiguiendo continuamente por algo que el cuerpo es incapaz de hacer—, el viejo está aviado. Sus ojos están llenos de sexo, son lujuriosos; su cuerpo está muerto y apagado. Y su mente sigue pinchándole. Comienza a tener un aspecto sucio, una cara sucia; empieza a tener algo feo.

Me recuerda a la historia de un hombre que oyó cómo su esposa y su hermana discutían sus frecuentes viajes de negocios fuera de la ciudad. La hermana seguía sugiriendo que una esposa debía preocuparse porque su marido fuese sin acompañante a esos lujosos hoteles para convenciones, llenos de atractivas mujeres solteras a su alrededor.

—¿Yo, preocuparme? —dijo la mujer—. ¿Por qué? Nunca me ha engañado. Él es demasiado leal, demasiado decente..., demasiado viejo.

El cuerpo, antes o después, envejece —su destino es hacerse viejo—, pero si no has vivido tus deseos, estos clamarán a tu alrededor, inevitablemente, crearán algo desagradable en ti. En el caso contrario, el hombre mayor se convierte en el hombre más hermoso del mundo porque alcanza la inocencia, la misma inocencia del niño, o incluso mucho más profunda que la del niño, se vuelve un sabio. Pero si todavía hay deseos circulando como una corriente subterránea, entonces estará atrapado en una vorágine.

Un hombre muy viejo fue arrestado mientras intentaba agredir sexualmente a una mujer joven. Viendo en el juicio a un hombre tan anciano, de ochenta y cuatro años, el juez redujo el cargo de violación a asalto con arma de fogueo.

Si estás envejeciendo, recuerda que la vejez es el clímax de la vida. Recuerda que la vejez puede ser la experiencia más bella, porque el niño tiene esperanzas en el futuro, vive en el futuro. Tiene grandes deseos de hacer esto, de hacer lo otro. Todo niño piensa que va a ser alguien especial en el futuro, Alejandro Magno, Joseph Stalin, Mao Zedong. Vive en sus deseos y en el futuro. El hombre joven está demasiado poseído por sus instintos, todos los instintos están explotando en él. El sexo está ahí: el hombre joven está poseído por unas fuerzas naturales tan grandes que no puede ser libre. Ahí está la ambición, el tiempo corre rápido y él tiene que hacer algo y ser alguien. Todas esas esperanzas, deseos y fantasías de la niñez tienen que ser realizadas; tiene mucha precipitación, tiene prisa.

El anciano sabe que esos deseos infantiles eran realmente infantiles. El anciano sabe que esos días de la juventud con su vorágine se han ido. El anciano está en el mismo estado de silencio que queda después de la tormenta. Ese silencio puede ser de una belleza, una profundidad y una riqueza tremendas. Si el anciano es realmente maduro, lo que sucede en contadas ocasiones, entonces será hermoso. Pero la gente sólo envejece, no siguen creciendo. De ahí el problema.

Sigue creciendo, sigue madurando, vuélvete más alerta y más consciente. Y la vejez es la última oportunidad que tienes: antes de que llegue la muerte, prepárate. ¿Y cómo se prepara uno para la muerte? Volviéndote más meditativo.

Si hay algún deseo acechante todavía por allí, y el cuerpo está envejeciendo y no es capaz de satisfacer esos deseos, no te preocupes. Medita sobre estos deseos, observa, sé consciente. Con sólo estar consciente y alerta, esos deseos y la energía contenida en ellos puede ser transmu-

tada. Pero antes de que llegue la muerte, libérate de todos los deseos.

Cuando digo libérate de todos los deseos, simplemente quiero decir que te liberes de todos los objetos de deseo. Entonces, es puro anhelo. Ese puro anhelo es divino, ese puro anhelo es Dios. Entonces hay pura creatividad sin ningún objeto, sin ninguna dirección, sin destino; sólo pura energía, una reserva de energía que no va a ningún sitio. En esto consiste la budeidad.

El maestro

Para el mundo occidental los términos «libertad» y «maestro» son virtualmente exclusivos. Para aquellos que te han conocido esto es salvajemente inexacto. ¿Cómo redefinirías libertad y maestro para la comprensión occidental?

El mundo occidental no ha entrado en contacto con la tremenda realidad que ocurre en el encuentro de un maestro y su discípulo. Por supuesto, no es visible. Es como el amor, pero más grande, más profundo y más misterioso.

Occidente ha tenido los santos y sus seguidores. Los santos exigen rendición, los santos exigen fe. Y en el momento que te haces creyente dejas de ser; toda tu individualidad ha sido eliminada. Desde ese momento eres un cristiano o un judío, pero no eres tú. El fenómeno del maestro y el discípulo ocurrió en Oriente en sus días dorados, cuando había gente como Lao Tzu, Zaratustra y Gautama el Buda. Ellos crearon un nuevo tipo de relación completamente nuevo.

No todo el mundo puede pintar como Picasso, ni todo el mundo puede ser Miguel Ángel. Occidente se ha perdido el tener un Gautama el Buda. Jesús no es en absoluto comparable. Jesús es simplemente un judío, creyente de todos los dogmas judíos. Tiene fe; de hecho, un poco demasiado.

Gautama el Buda es un rebelde; no es seguidor de nadie. Ni Lao Tzu es el seguidor de nadie. No tienen escrituras, no tienen sistemas de creencias. Han buscado por su cuenta, solos; arriesgando, porque se están alejando de la multitud por un camino solitario, sin saber dónde va a terminar su viaje pero confiando en su corazón, experimentando pequeñas indicaciones, la paz va creciendo, el amor está floreciendo, una nueva fragancia ha llegado a su ser, que sus ojos ya no están llenos de polvo del pasado. Una claridad y transparencia tremendas..., y saben que están en el camino correcto.

No hay guía, y no te encontrarás a nadie en el camino para preguntarle a qué distancia está la meta. Es un vuelo de la soledad a la soledad. Pero una vez que un hombre encuentra la verdad él solo, naturalmente se hace consciente de que no hace falta ninguna religión organizada; es un obstáculo, que no hace falta sacerdotes ni mediadores; ellos no te dejarán alcanzar la verdad. Ese hombre, que ha encontrado la verdad, se convierte en un maestro.

La diferencia es sutil y tiene que ser entendida. El discípulo no es un seguidor; el discípulo simplemente se ha enamorado. Tú no llamas seguidores a los amantes. Algo ha hecho clic en su ser, en la presencia de alguien. No se trata de que le hayan convencido sus ideas. No es una convicción, no es una conversión, es una transformación. En el momento que un buscador entra en contacto con uno que ha encontrado se produce una gran sincronicidad. Mirándose mutuamente a los ojos, sin decir una palabra, algo que nunca han soñado de repente se convierte en la realidad más grande.

No es creencia, porque la creencia está siempre en las filosofías, en las ideologías. No es fe, porque la fe está en invenciones para las que nadie puede encontrar pruebas o evidencias; es confianza. Lo que relaciona al maestro con el discípulo es la confianza. La confianza es el florecimiento más grande del amor. ¿Y cómo puede el amor hacer esclavo a nadie? El mismo hecho de que el amor es lo que une al maestro y al discípulo, es suficiente indicación de que el maestro ofrecerá todas las posibilidades para la liberación del discípulo; de lo contrario, estaría traicionando al amor, y ningún maestro puede traicionar el amor.

El amor es la realidad esencial. Él tiene que realizarlo en sus acciones, en sus palabras, en sus relaciones, en sus silencios. Haga lo que haga, sólo tiene que cumplir un requisito: que sea su amor. Y si una persona está tanteando en la oscuridad, les llega un discípulo..., sólo un sacerdote puede aprovecharse, sólo un político puede aprovecharse de él. Están a la caza de seguidores; el político y el sacerdote, ambos. El político y el sacerdote están de acuerdo en un punto, que necesitan seguidores; sólo así pueden ser alguien. Y tienen territorios separados: el político se ha apropiado de la parcela mundana y el sacerdote de la espiritual. Entre los dos han convertido a toda la humanidad en esclavos. Han destrozado la libertad de todo el mundo.

La contribución más grande ha llegado de algunos pocos maestros que han alcanzado no sólo su propia libertad sino también la libertad de aquellos que les han amado. Es simplemente inconcebible: si me amas, ¿cómo puedo esclavizarte? Si me amas, sólo me podré alegrar de tu libertad. Verte abrir las alas en el cielo hacia lo desconocido, hacia lo más lejano, lo misterioso, esa será mi alegría, y no el que te ates a un cierto dogma, credo, culto, religión o filosofía. Son diferentes clases de cadenas manufacturadas por diferentes tipos de personas, pero su propósito es el mismo.

Porque Occidente no ha conocido maestros... Ha tenido papas, ha tenido profetas, ha tenido salvadores, ha tenido santos. Es absolutamente inconsciente de que hay una dimensión que no ha comprendido, y esa dimensión es la más valiosa. Como no la ha comprendido, ha surgido un gran malentendido. A veces sucede..., ya conocéis la hermosa parábola de Esopo.

Un zorro está tratando de alcanzar las hermosas uvas maduras, que cuelgan justo por encima de su cabeza, saltando tan alto como puede. Pero su salto es más corto que la altura de las uvas. Cansado, sudando, habiéndose caído muchas veces, mira a su alrededor para ver si alguien está observándole.

Un conejito estaba mirando escondido en un pequeño matorral. Esto era peligroso, este conejo podría difundir la noticia por todos lados. El zorro se alejó de las uvas caminando. El conejo le siguió y le preguntó:

—Tío, sólo una pregunta. ¿Qué ha pasado? ¿Por qué no podías alcanzar las uvas?

El zorro estaba muy enfadado. Le dijo:

—En cuanto te vi sospeché que ibas a propagar rumores sobre mí. He decidido no llevarme esas uvas porque no están maduras. Y como oiga a alguien hablar de esas uvas, te mataré, porque eres el único testigo.

Es una pequeña parábola, pero contiene un significado enorme: empiezas a condenar todo aquello que no puedes alcanzar; las uvas no están maduras.

Me estás preguntando: «Para el mundo occidental, los términos "libertad" y "maestro" son virtualmente exclusivos. Para aquellos que te han conocido esto es salvajemente inexacto. ¿Cómo redefines libertad y maestro para la comprensión occidental?».

La palabra maestro crea confusión. Te hace pensar que te has convertido en un esclavo, que alguien se ha convertido en tu maestro. En Oriente, la palabra se usa en el sentido de que tú te has convertido en tu propio maestro, que has dejado de ser un esclavo, que has alcanzado la libertad.

Idiomas diferentes surgidos en climas diferentes con gente diferente, diferentes experiencias, están destinadas a crear ese tipo de confusiones.

Para la conciencia occidental nunca ha sido un objetivo ser el maestro de uno mismo; al contrario, éste siempre ha sido cómo conquistar a otros, cómo ser el maestro de *otros*. Es difícil traducir muchas palabras orientales al idioma occidental. Existe la misma dificultad si quieres traducir física cuántica a idiomas orientales; no encontrarás las palabras adecuadas, porque antes de que el idioma aparezca tiene que existir la experiencia. La experiencia crea el idioma. Y si lo intentas, está destinado a que sucedan cosas muy divertidas. La palabra oriental para maestro es *acharya*. La palabra acharya significa uno que vive su vida auténticamente, de acuerdo a su propio conocimiento y consciencia. Y si te acercas a una persona así, ¿qué puede darte? Estando con él, sólo aprenderás una cosa: cómo vivir en libertad, consciencia, con profunda integridad y dignidad. Estamos usando la palabra maestro para acharya.

La palabra discípulo es más afortunada, porque la palabra oriental *shishya* y la palabra discípulo tienen exactamente los mismos significados; por razones diferentes, pero los significados son los mismos. El discípulo es uno que está tratando de aprender algo. El significado etimológico de la palabra discípulo es el mismo que el de la palabra disciplina. Significa prepararte a aprender, a entender. Así como está es perfecta; puede usarse. En lo que se refiere a la palabra maestro... El discípulo se acaba de enamorar del maestro y quiere aprender de él esa misma libertad, esa misma sinceridad, esa misma integridad, esa misma altura de conciencia. No se cuestiona la rendición, no se cuestiona la creencia. En presencia del maestro, en la atmósfera del maestro, los discípulos empiezan a descubrir nuevas dimensiones que no conocían y que estaban dentro de ellos en potencia. El maestro no les da nada excepto su amor;

tampoco se puede decir que lo dé. Simplemente, se derrama. Del mismo modo que el sol derrama sus rayos sobre las flores, sobre los pájaros, sobre los animales, todo aquel que se acerca al maestro es bendecido con su amor.

Si estás buscando, si estás dispuesto a aprender, si todavía no eres un erudito, si todavía no estás lleno de prejuicios, si todavía no eres creyente, si no has vendido tu espíritu a alguna teología, a alguna religión, a alguna ideología, entonces, con sólo estar cerca del maestro, algo empieza a revelarse. Es la transmisión de la luz. Así es como se ha conocido en Oriente: la transmisión de la luz de un corazón, que ha descubierto su propio fuego, a otro corazón que está tanteando en la oscuridad. Sólo acercándose... Imagínate dos velas, una encendida y otra apagada, acercándose cada vez más. De repente, llega un momento en el que te maravillarás; las dos velas están encendidas. La llama ha saltado a la otra vela. Con sólo una cierta proximidad... El amor crea esa proximidad y la llama salta de un corazón al otro. No se trata de que alguien se rinda, no se trata de que alguien crea.

Pero tu pregunta es importante, porque normalmente ni siquiera en Oriente encontrarás el tipo de maestro que estoy definiendo. Oriente ha caído en una gran oscuridad. Los días de Gautama el Buda ya no son una realidad, sino sólo una hermosa memoria, un sueño que quizá sucedió o quizá alguien soñó.

Una mañana el gran rey Prasenjita vino a ver a Gautama el Buda. Llevaba en una de sus manos una hermosa flor de loto y en la otra uno de los diamantes más preciosos de aquellos días. Había venido porque su esposa insistió:

—Cuando Gautama el Buda está aquí, estás malgastando tu tiempo con idiotas, hablando de cosas innecesarias.

Ella había visitado a Gautama el Buda desde su infancia; luego se casó. Prasenjita no tenía ninguna inclinación de ese tipo, pero como ella insistió tanto dijo:

—Merece la pena visitarle, por lo menos una vez, para ver qué tipo de hombre es.

Pero era un hombre con un ego muy grande, de modo que tomó el diamante más preciado de su tesoro para regalárselo a Gautama el Buda.

No quería llegar allí como un hombre ordinario. Todo el mundo tenía que enterarse... De hecho, quería que todo el mundo supiera: «¿Quién es más grande, Gautama el Buda o Prasenjita?». El diamante era tan valioso que había habido muchas disputas y guerras por su causa.

Su esposa se echó a reír y dijo:

—No te das cuenta de quién es el hombre al que te estoy llevando. Es preferible que le lleves una flor de regalo que una piedra.

Él no lo podía entender, pero dijo:

—No hay nada malo, puedo llevar las dos cosas. Veremos.

Cuando llegó allí le ofreció su diamante, que llevaba en una de sus manos, y Buda simplemente dijo:

—¡Déjalo caer!

Naturalmente, ¿qué vas a hacer? Lo dejó caer. Pensó que quizá su mujer tenía razón. En la otra mano llevaba la flor de loto, y cuando trató de ofrecérsela, Buda dijo:

—¡Déjala caer!

También la dejó caer y se asustó un poco: parece que este hombre está loco, aunque diez mil discípulos... Y se quedó allí de pie pensando que la gente debía pensar que era un estúpido. Y Buda dijo por tercera vez:

—¿No me oyes? ¡Déjala caer!

Prasenjita se dijo a sí mismo: «¡Está totalmente loco! He dejado caer el diamante, he dejado caer la flor de loto; ya no tengo nada».

Y en ese mismo momento Sariputra, un viejo discípulo de Gautama el Buda, empezó a reírse. Su risa hizo que Prasenjita se girara hacia él y le preguntó:

—¿Por qué te estás riendo?

Él dijo:

—No entiendes el idioma. No te está diciendo que dejes caer el diamante, no te está diciendo que dejes caer la flor de loto. Te está diciendo que te dejes caer, que dejes caer tu ego. Puedes quedarte el diamante, puedes quedarte la flor de loto, pero deja caer el ego. No te lo vuelvas a llevar.

Esos eran días hermosos. De repente se abrió un nuevo cielo para Prasenjita. Se dejó caer a los pies de Gautama el Buda con total humildad, y nunca se fue. Entró a formar parte de esa gran caravana que solía seguir a Gautama el Buda. Se olvidó de su reino, se olvidó de todo. Lo único que quedó de él fue este hermoso hombre, esta tremenda gracia, ese magnetismo invisible, esos ojos y ese silencio. Y él se quedó prendado de todo esto.

No es cuestión de creer. No es cuestión de convertirse, de argumentación, es una cuestión de la más alta calidad del amor.

Hoy en día es raro encontrar a un maestro y hay muchos impostores. Una de las cosas que se puede decir de los impostores es que puedes reconocerlos inmediatamente. En cuanto te piden que creas en cualquier cosa, en cuanto te piden que sigas unas ciertas reglas, regulaciones, en cuanto te piden que tengas fe en ellos, que nunca dudes, nunca preguntes, que tengas una fe indudable; esas son las indicaciones de los impostores. Dondequiera que los encuentres, escapa de ese lugar tan rápido cómo puedas.

Pero esa gente está en todo el mundo, no sólo en Occidente sino también en Oriente. Es muy extraño que te encuentres con un maestro que te dé dignidad, que te dé amor, que te dé libertad; que no te cree ninguna atadura, que no haga ningún contrato y que no quiera convertirte en su sombra; él quiere que seas tú mismo. En cuanto encuentres a un hombre como éste habrá llegado el momento más importante de tu vida. No lo dejes escapar. Hay muchos impostores, pero los auténticos maestros son inmensamente raros.

Desfortunadamente, en nuestra época, en nuestro tiempo nos hemos olvidado completamente de una determinada dimensión; no sólo en Occidente. En Occidente nunca lo han descubierto, pero en Oriente lo descubrimos y lo perdimos. Si deja de haber maestros que hayan alcanzado su potencial más alto, que se hayan hecho uno con Dios, entonces será muy difícil para los discípulos que están tanteando en la oscuridad, a ciegas, con todo tipo de distracciones, encontrar su propia dignidad, su propio ser.

Mi esfuerzo aquí no es hacer discípulos, eso es sólo el prólogo, sino crear maestros, tantos maestros como sea posible. El mundo necesita inmensamente, urgentemente, mucha gente consciente, amorosa, libre, sincera. Sólo esa gente puede crear una cierta atmósfera espiritual que podrá impedir que este mundo sea destruido por las fuerzas suicidas, que son muy poderosas, pero no más poderosas que el amor.

Zorba el Buda

¿Cuál es tu noción de la rebelión y del rebelde?

Mi noción de la rebelión y del rebelde es muy simple: un rebelde es un hombre que no vive como un robot condicionado por el pasado. En su forma de vivir, en su estilo de vida no interfiere de ninguna manera la religión, la sociedad, la cultura, ni cualquier otra cosa que pertenezca al ayer

El rebelde vive individualmente..., no como el diente de un engranaje, sino como una unidad orgánica. Su vida no es decidida por nadie más que su propia inteligencia. La fragancia de su vida es la de la libertad. No sólo vive en libertad, permite también que todo el mundo viva en libertad. No permite que nadie interfiera en su vida, ni interfiere en la vida de los demás. Para él la vida es sagrada, y la libertad es el valor supremo de tal forma que está dispuesto a sacrificarlo todo por ella: respetabilidad, estatus, incluso la vida misma.

La libertad para él es lo que para la gente así llamada religiosa en el pasado solía ser Dios. La libertad es su Dios.

El hombre ha vivido a través de los siglos como un borrego, formando parte de la multitud, acatando sus tradiciones, convenciones, siguiendo las antiguas escrituras y las viejas disciplinas. Pero ese tipo de vida era antiindividual; si eres un cristiano no puedes ser un individuo, si eres un hindú no puedes ser un individuo.

Un rebelde es aquel que vive totalmente de acuerdo a su propia luz, y arriesga todo por el valor más alto: la libertad.

El rebelde es la persona contemporánea.

Las masas no son contemporáneas. Los hindúes creen en escrituras que tienen cinco o diez mil años de antigüedad. Sucede lo mismo con las demás religiones; los muertos están dominando a los vivos. El rebelde se rebela en contra de lo muerto, toma su vida en sus propias manos. No le da miedo quedarse solo; al contrario, disfruta de su soledad como uno de sus más preciados tesoros. La multitud te da certidumbre, seguridad, a costa de tu espíritu. Te esclaviza. Te da unas directrices de cómo vivir: qué hacer, qué no hacer.

En todo el mundo, cada religión ha dado algo parecido a los diez mandamientos, y fueron dados por gente que no tenía idea de cómo iba a ser el futuro, de cómo iba a ser la conciencia del hombre en el futuro. Es como si un niño pequeño tuviera que escribir toda la historia de tu vida, sin saber en absoluto qué significa la juventud, sin saber en absoluto qué significa la vejez, sin saber en absoluto lo que es la muerte.

Todas las religiones son primitivas, crudas y han estado moldeando tu vida. Naturalmente, el mundo entero está lleno de desgracia: no se te permite ser tú mismo. Cada cultura quiere que seas sólo una copia, nunca tu rostro original.

El rebelde es aquel que vive siguiendo su propia luz, siguiendo a su propia inteligencia. Crea su camino caminándolo, no sigue a la multitud en la superautopista. Su vida es peligrosa; pero una vida que no es peligrosa no es vida en absoluto. Él acepta el desafío de lo desconocido. No se encuentra con lo desconocido como algo que llegará en el futuro y que ha sido preparado por el pasado. Eso crea toda la angustia de la humanidad; el pasado te está preparando y el futuro nunca va a ser el pasado. Tu ayer nunca va a ser tu mañana.

Pero hasta ahora así es como ha vivido el hombre: tus ayeres te preparan para tus mañanas. La misma preparación se convierte en el obstáculo. No puedes respirar libremente, no puedes amar libremente, no puedes bailar libremente; el pasado te ha mutilado de todas las formas posibles. La carga del pasado es tan pesada que todo el mundo está aplastado bajo ella. El rebelde simplemente se despide del pasado.

Es un proceso constante; por eso, ser un rebelde significa estar constantemente en rebelión, porque cada momento se va a convertir en el pasado; cada día se va a convertir en el pasado. No es que el pasado esté solamente en el cementerio, estás moviéndote a través de él en todo momento. Por eso, el rebelde tiene que aprender un nuevo arte: el arte de morir a cada momento que ha pasado, de modo que pueda vivir libre en el nuevo momento que ha llegado.

Un rebelde es un continuo proceso de rebelión; no es estático. Y ahí es donde puedo hacer una distinción entre el revolucionario y el rebelde.

El revolucionario también está condicionado por el pasado. Podría no estar condicionado por Jesucristo o Gautama el Buda, pero está condicionado por Karl Marx, Mao Zedong, Josef Stalin, Adolf Hitler o Benito Mussolini..., no importa quién le está condicionando. El revolucionario tiene su propia sagrada Biblia, *El Capital;* su tierra prometida, la Unión Soviética; su propia Meca, el Kremlin. Igual que cualquier otra persona religiosa, no está viviendo de acuerdo a su propia conciencia. Está viviendo de acuerdo a una conciencia creada por otros. Por eso, el revolucionario no es otra cosa que un reaccionario. Quizá esté en contra de una cultura, pero está inmediatamente listo para la siguiente. Está yendo de una prisión a otra, del cristianismo al comunismo; de una religión a otra, del hinduismo al cristianismo. Cambia de prisión.

El rebelde simplemente abandona el pasado y no permite jamás que el pasado le domine. Es un proceso constante y continuo. Toda la vida del rebelde es un fuego que quema. Hasta el último aliento es nuevo, es joven. Nunca responderá a ninguna situación de acuerdo a su experiencia pasada; responderá a cada situación de acuerdo a su conciencia actual.

Para mí, ser un rebelde es la única manera de ser religioso, y las así llamadas religiones no son religiones en absoluto. Han destruido completamente a la humanidad, esclavizado a los seres humanos, encadenado sus espíritus; por eso, en la superficie parece que eres libre pero en lo profundo, en tu interior, las religiones han creado una cierta conciencia que sigue dominándote. Un rebelde es aquel que renuncia a todo el pasado porque quiere vivir su vida de acuerdo a sus propios anhelos, de acuerdo a su propia naturaleza; no de acuerdo a algún Gautama el Buda, de acuerdo a algún Jesús o Moisés.

El rebelde es la única esperanza para el futuro de la humanidad.

El rebelde destruirá todas las religiones, todas las naciones, todas las razas, porque están todas podridas, pasadas, obstaculizando el progreso de la evolución humana. No están permitiendo que nadie llegue a su pleno florecimiento: no quieren seres humanos sobre la tierra, quieren corderos.

Jesús dice continuamente: «Yo soy tu pastor, y vosotros sois mis ovejas...». Y siempre me he preguntado por qué ni un solo hombre se levantó y dijo: «¿Qué tipo de tontería estás diciendo? Si nosotros somos ovejas, entonces tú también eres una oveja; y si tú eres el pastor, entonces nosotros también somos pastores». No sólo sus contemporáneos..., pero durante dos mil años no ha habido ningún cristiano que haya planteado la cuestión de que llamar a los seres humanos ovejas y llamarse a sí mismo el pastor, el salvador, es un insulto a la humanidad, una humillación muy grande.

«He venido a salvaros»..., ¡y no se pudo salvar ni él! Casi la mitad de la humanidad está esperando todavía que regrese para salvarlos. Tú solo no puedes salvarte; necesitas al hijo primogénito de Dios, Jesucristo. Y él ha prometido a su gente: «Volveré pronto, en esta misma vida vuestra»... y han pasado dos mil años, han pasado muchas vidas y no parece haber signos, ni señales...

Pero todas las religiones han hecho lo mismo de muchas maneras. Krisna dice en el *Gita* que siempre que haya sufrimiento, siempre que haya angustia, siempre que haya necesidad: «Volveré una y otra vez». Han pasado cinco mil años, y no ha sido visto ni una sola vez; no importa: «¡Una y otra vez!». Esas personas, por muy bonitas que fueran sus afirmaciones, no fueron respetuosos con la humanidad.

Un rebelde te respeta, respeta la vida, tiene una profunda reverencia por todo lo que crece, prospera, respira. No se coloca por encima de ti, no es más sagrado que tú, más elevado que tú; es uno entre vosotros. Sólo puede reclamar una cosa para sí: él tiene más valentía que tú. No puede salvarte, sólo tu valentía puede salvarte. No puede dirigirte, sólo tus propias entrañas pueden dirigirte a que realices tu vida.

La rebelión es un estilo de vida. Para mí, es la única religión que es auténtica. Porque si vives de acuerdo a tu luz podrías equivocarte muchas veces y podrías caerte muchas veces; pero en cada caída, en cada equivocación te harás más sabio, más inteligente, más comprensivo, más humano. No hay otra forma de aprender que cometiendo errores.

Pero no vuelvas a cometer el mismo error. No existe más Dios que tu propia conciencia. No hace falta ningún papa, ayatolá Jomeini o *shankaracharya*, para mediar entre tú y Dios. Esos son los criminales más grandes del mundo, porque están explotando tu invalidez.

Hace algún tiempo el Papa anunció un nuevo pecado: uno no debería confesarse directamente con Dios; tienes que confesarte a través del sacerdote. Confesarse directamente con Dios, comunicarse directamente con él, es un nuevo pecado. Es curioso..., puedes ver claramente que esto no es religión, esto es un negocio, porque si la gente empieza a confesarse directamente con Dios, entonces, ¿quién va a ir a confesarse con el sacerdote y va a pagar la multa? El sacerdote se vuelve innecesario, el papa se vuelve innecesario.

Todos los sacerdotes están pretendiendo ser los intermediarios entre tú y la fuente última de la vida. No saben nada de la fuente última de la vida. Pero tu fuente de la vida es también la fuente última de la vida, porque no estamos separados. Ningún hombre es una isla; por debajo somos un vasto continente. Quizá en la superficie pareces como una isla, y hay muchas islas, pero en lo profundo del océano nos encontramos. Formas parte de una tierra, de un continente. Lo mismo es verdad acerca de tu conciencia.

Pero uno tiene que liberarse de las iglesias, de los templos, de las mezquitas, de las sinagogas. Uno tiene que ser sólo uno mismo, y aceptar el desafío de la vida, te lleve donde te lleve. Tú eres el único guía. Eres tu propio maestro.

Es una vieja asociación y un malentendido que ser un inconformista es ser un rebelde. El inconformista es un reaccionario; actúa por enfado, rabia, violencia y ego. Su acción no está basada en la consciencia. A pesar de que va en contra de la sociedad, esto no es necesariamente estar en lo cierto. De hecho, la mayoría de las veces moverse de un extremo a otro es ir de una equivocación a otra.

El rebelde es un tremendo equilibrio, y eso no es posible sin consciencia, vigilancia y una compasión inmensa. No es una reacción, es una acción; no va en contra de lo viejo, sino a favor de lo nuevo.

El no conformista sólo está en contra de lo viejo, en contra de lo establecido; pero no tiene una concepción de por qué está en contra, no tiene una visión de futuro. ¿Qué sucederá si tiene éxito? Estará perdido, totalmente avergonzado. Nunca había pensado sobre ello. No ha sentido la vergüenza porque nunca ha triunfado. Su fracaso ha sido un gran refugio para él.

Cuando digo «reacción», quiero decir que tu orientación es básicamente dependiente: no estás actuando desde la libertad y la independencia. Esto tiene unas implicaciones muy profundas. Significa que tu acción sólo es una consecuencia; también significa que tu acción puede ser muy fácilmente controlada.

Hay una pequeña historia sobre Mulla Nasruddin. Él era un inconformista, un fundamentalista reaccionario, una mente absolutamente negativa.

Si su padre le decía: «Tienes que ir a la derecha», podías estar seguro que iría a la izquierda. Pronto el padre se hizo consciente de esto, y entonces no hubo problemas. Cuando quería que fuera a la derecha le decía: «Por favor, ve a la izquierda». Y Mulla iba a la derecha. Estaba desobedeciendo, era un inconformista, pero era totalmente inconsciente de que estaba siendo dictado, ordenado, controlado y que estaba haciendo lo que el padre quería que hiciera.

Poco a poco él también se dio cuenta: «¿Qué está pasando? Antes mi padre solía enfadarse mucho porque me había dicho que fuera hacia la derecha y me iba a la izquierda. Sigo siendo tan desobediente como siempre, pero ahora nunca se queja». Pronto descubrió la estrategia.

Un día el viejo padre y Nasruddin estaban cruzando el río con su burro, y en el burro llevaban un gran saco de azúcar. El saco estaba más inclinado hacia la derecha y existía el peligro de que pudiera caerse al río.

El padre iba detrás y sabía, si le digo «mueve el saco hacia la izquierda», tengo un hijo tan extraño que inmediatamente lo moverá hacia la derecha, y el saco se caerá al río y se echará a perder todo el azúcar. Por eso gritó:

—Nasruddin, mueve tu bolsa hacia la derecha —esperando que la moviera hacia la izquierda de acuerdo a la vieja experiencia.

Pero en esta ocasión Nasruddin había pensado lo mismo. Dijo:

—De acuerdo —y movió la bolsa hacia la derecha y la bolsa se cayó al río.

—¿Qué ha sucedido —dijo el padre—, ya no eres desobediente?

—Ahora decidiré yo, cada vez, si ser obediente o no —contestó él—. No tendré una filosofía fija sino que me iré moviendo acorde a la situación, porque has sido astuto conmigo, me has estado engañando. ¡Soy tu hijo y a pesar de todo has estado engañándome! Me has estado dando órdenes para que desobedeciera. De ahora en adelante estate alerta, puede que obedezca, puede que desobedezca. Desde hoy voy a dejar de ser predecible, controlable, dejaré de estar en tus manos.

El inconformista está siempre en manos de la sociedad y los poderes fácticos. Los poderes fácticos sólo tienen que ser un poco más listos y astutos, y entonces pueden utilizar al inconformista con mucha facilidad, sin ninguna dificultad.

Pero los poderes fácticos nunca pueden usar al rebelde porque no está reaccionando contra ellos. Él tiene una visión de futuro, de un nuevo hombre, de una nueva humanidad. Está trabajando para crear ese sueño, para hacerlo realidad. Si está en contra de la sociedad, lo hace porque la sociedad es un obstáculo para su sueño. Su foco no está en los poderes fácticos, su foco está en un futuro desconocido, una posibilidad potencial. Actúa a partir de su libertad, a partir de su visión, a partir de su futuro. Su consciencia decide en qué dirección ir.

¿Cómo está relacionado tu rebelde con «Zorba el Buda»?

Mi rebelde, mi nuevo hombre, es Zorba el Buda.

La humanidad ha vivido creyendo o bien en la realidad del espíritu y la irrealidad de la materia, o en la realidad de la materia y la irrealidad del espíritu.

Puedes dividir a la humanidad, en el pasado, en espiritualistas o materialistas. Pero nadie se ha ocupado de mirar la realidad del hombre. Es ambos a la vez. No es sólo espiritual, no es sólo consciencia, ni es sólo materia. Es una tremenda armonía entre materia y consciencia.

O quizá la materia y la consciencia no son dos cosas sino sólo dos aspectos de una realidad: la materia es la parte externa de la consciencia, y la consciencia es la interioridad de la materia. Pero no ha habido ni un solo filósofo, sabio o místico religioso en el pasado que haya declarado su unidad; todos ellos estaban a favor de la división del hombre, llamando a una cara real y a la otra irreal. Eso ha creado una atmósfera de esquizofrenia por toda la tierra.

Tú no puedes vivir sólo como un cuerpo. Eso es lo que

Jesús quiere decir cuando dice: «No sólo de pan vive el hombre», pero eso es sólo la mitad de la verdad. No puedes vivir sólo como consciencia, no puedes vivir tampoco sólo de pan. Tu ser tiene dos dimensiones, y ambas dimensiones tienen que ser satisfechas, hay que darles la misma oportunidad de crecimiento. Pero el pasado ha estado o bien a favor de uno o en contra del otro, o a favor del otro y en contra del primero.

El hombre como totalidad no ha sido aceptado. Eso ha creado sufrimiento, angustia y una tremenda oscuridad; una noche que ha durado cuatro mil años, que parece no tener fin. Si escuchas al cuerpo, te condenas a ti mismo; si no escuchas al cuerpo, sufres; tienes hambre, eres pobre, tienes sed. Si sólo escuchas a tu consciencia, tu crecimiento estará desequilibrado: tu consciencia crecerá pero tu cuerpo se encogerá y se perderá el equilibrio. Y en el equilibrio está tu salud, en el equilibrio está tu totalidad, en el equilibrio está tu alegría, tu canción, tu baile.

Occidente ha escogido escuchar al cuerpo, y se ha vuelto completamente sordo en lo que respecta a la realidad de la consciencia. El resultado, por último, es una gran ciencia, una gran tecnología, una sociedad afluente, una riqueza de cosas mundanas, profanas. Y en medio de toda esta abundancia, un hombre pobre sin espíritu, completamente perdido; sin saber quién es, sin saber por qué es, sintiéndose casi un accidente o un monstruo de la naturaleza. A menos que la consciencia crezca simultáneamente con la riqueza del mundo material, el cuerpo —materia— se vuelve muy pesado y el espíritu se debilita demasiado. Estás demasiado cargado con tus propias invenciones, tus propios descubrimientos. En vez de crear una hermosa vida para ti, crean una vida que según toda la inteligencia de Occidente no merece ser vivida.

Oriente ha escogido la consciencia y ha condenado la materia y todo lo material, incluido el cuerpo, como *maya*, como ilusorio, como un espejismo en un desierto, que sólo parece pero no tiene realidad en sí mismo. Oriente ha creado a Gautama el Buda, a Mahavira, a Patánjali, a Kabir, a Farid, a Raidas; un gran linaje de personas con una gran conciencia, un gran despertar. Pero también ha creado millones de pobres, hambrientos, famélicos, que mueren como perros, sin suficiente alimento, sin agua potable para beber, sin suficiente ropa, sin suficientes viviendas.

Una situación extraña... En Occidente, cada seis meses tienen que echar al mar productos lácteos y otros productos alimenticios valorados en billones y billones de dólares porque son un excedente. No quieren sobrecargar sus almacenes, no quieren bajar los precios y destruir su estructura económica. Por un lado, en Etiopía estaban muriendo mil personas al día, y al mismo tiempo el Mercado Común Europeo estaba destruyendo tanta comida que sólo el coste de destruirlo era de millones de dólares. Ese no es el coste de la comida: es el coste de llevarlo hasta el mar y arrojarlo allí. ¿Quién es el responsable de esta situación?

El hombre rico de Occidente está buscando su alma y encontrándose vacío, sin nada de amor, sólo deseo; sin oración, sólo palabras repetidas como un loro aprendidas en la catequesis del domingo. No tiene religiosidad, no siente nada por los demás seres humanos, ningún respeto por la vida, por los pájaros, por los árboles, por los animales; destruir es tan fácil.

Hiroshima y Nagasaki no hubieran sucedido si el hombre no pensara que es sólo materia. No se habrían acumulado tantas armas nucleares si el hombre pensara que es un Dios escondido, un esplendor escondido; no para ser destruido, sino descubierto, no para ser destruido, sino para ser traído a la luz; un templo de Dios. Pero si el hombre sólo es materia, sólo química, física, un esqueleto cubierto de piel, entonces con la muerte morirá todo, no quedará nada. Por eso es posible que un Adolf Hitler mate seis millones de personas sin ningún escrúpulo. Si las personas son sólo materia, no se plantea el pensarlo dos veces.

Occidente ha perdido su espíritu, su interioridad. Rodeado de vacío, aburrimiento, angustia, no se encuentra a sí mismo. Todo el éxito de la ciencia se demuestra inútil porque la casa está completamente llena de todo, pero falta el amo de la casa. Aquí, en Oriente, el amo está vivo pero la casa está vacía. Es difícil regocijarse con los estómagos vacíos, con cuerpos enfermos, con la muerte rodeándote; es imposible meditar. Por eso, innecesariamente, hemos sido perdedores. Todos nuestros santos y todos nuestros filósofos, espiritualistas y materialistas ambos, son responsables de este inmenso crimen en contra del hombre.

Zorba el Buda es la respuesta. Es la síntesis de la materia y el espíritu. Es la declaración de que no existe un conflicto entre la materia y la conciencia, de que podemos ser ricos en ambos sentidos. Nosotros podemos tener todo lo que el mundo nos puede proveer, todo lo que la ciencia y la tecnología pueden producir, y podemos seguir teniendo lo que Buda, Kabir y Nanak encuentran en su ser interno: las flores del éxtasis, la fragancia de la divinidad, las alas de la última liberación.

Zorba el Buda es el nuevo hombre, es el rebelde.

Su rebelión consiste en destruir la esquizofrenia del hombre, destruir su división, destruir la espiritualidad como algo en contra del materialismo, destruir el materialismo como algo en contra de la espiritualidad. Es una declaración de que el cuerpo y el alma están unidas: que la existencia está llena de espiritualidad, que las montañas están vivas, que los árboles sienten, que toda la existencia es ambos o quizá una sola energía expresándose a si misma en dos formas, como materia y como conciencia. Cuando la energía está purificada se expresa a sí misma como conciencia; cuando la energía es burda, sin purificar, densa, aparece como materia. Pero toda la existencia no es otra cosa que un campo de energía. Esa es mi experiencia, no es mi filosofía. Y esto está apoyado por la física moderna y sus investigaciones: la existencia es energía.

Podemos permitirle al hombre que tenga ambos mundos a la vez. No necesita renunciar a este mundo para tener el otro mundo, ni tampoco tiene que negar el otro mundo para disfrutar de éste. De hecho, tener un solo mundo cuando podrías tener los dos es ser innecesariamente pobre.

Zorba el Buda es la posibilidad más rica. Él vivirá su naturaleza al máximo y cantará la canción de esta tierra. No traicionará a la tierra ni tampoco al cielo. Reclamará todo lo que tiene esta tierra, todas las flores, todos los placeres, y también reclamará las estrellas en el cielo. Reclamará toda la existencia como su casa.

El hombre del pasado era pobre porque dividía la existencia. El nuevo hombre, mi rebelde, Zorba el Buda, reclama el mundo entero como su casa. Todo lo que contiene es para nosotros, y tenemos que usarlo de todas las formas posibles, sin culpa, sin conflicto, sin tener que elegir. Disfruta sin escoger de todo lo que la materia es capaz de darte, y disfruta todo lo que la conciencia es capaz de darte.

Sé un Zorba, pero no te detengas ahí. Sigue caminando hacia ser un Buda. Zorba es una mitad, Buda es la otra mitad.

Hay una antigua historia:

En un bosque cerca de una ciudad vivían dos mendigos. Naturalmente, eran enemigos entre ellos como lo son todos los profesionales; dos médicos, dos profesores, dos santos. Uno era ciego y el otro era cojo, y ambos muy competitivos; se pasaban todo el día compitiendo entre ellos en la ciudad.

Pero una noche sus cabañas se incendiaron, porque se estaba quemando todo el bosque. El ciego podía correr, pero no podía ver por *dónde*, no podía ver por dónde no se había extendido el fuego. El cojo podía ver que todavía quedaban posibilidades de salir de ese fuego, pero no podía salir corriendo. El fuego iba demasiado rápido, demasiado salvaje, por eso el cojo sólo podía ver cómo llegaba su muerte.

Se dieron cuenta de que se necesitaban. El cojo tuvo una realización súbita: «El otro hombre puede correr, el ciego puede correr y yo puedo ver». Se olvidaron de su rivalidad. En un momento tan crítico, cuando ambos estaban enfrentándose a la muerte, cada uno se olvidó de sus estúpidas enemistades. Crearon una gran síntesis; acordaron que el ciego llevaría al cojo en sus hombros y funcionarían como un solo hombre; el cojo podía ver y el ciego podía correr. Salvaron sus vidas. Y como se salvaron la vida mutuamente se hicieron amigos; por primera vez dejaron a un lado su antagonismo.

Zorba está ciego, no puede ver, pero puede bailar, puede cantar, puede disfrutar. El Buda puede ver, pero sólo puede ver. Es pura visión, claridad y percepción, pero no puede bailar; está tullido, no puede cantar, no puede disfrutar.

Ha llegado la hora. El mundo es un fuego salvaje; todo el mundo está en peligro. El encuentro de Zorba y Buda puede salvar a toda la humanidad. Su encuentro es la única esperanza. Buda puede aportar la consciencia, la claridad, los ojos para ver el más allá, ojos para ver aquello que es casi invisible. Zorba puede dar todo su ser a la visión de Buda y dejar que no se quede sólo en una visión seca, sino hacerla un estilo de vida danzante, alborozado, extático.

Le estoy dando a Buda energía para bailar, y le estoy dando a Zorba ojos para ver más allá de los cielos, hacia lejanas metas de la existencia y de la evolución. Mi rebelde no es otro que Zorba el Buda.

Acerca de Osho

Nunca Nació
Nunca Murió
Sólo Visitó el
Planeta Tierra entre
11 de diciembre de 1931 - 19 de enero de 1990

Con estas palabras inmortales, Osho a la vez dicta su epitafio y nos dispensa de su biografía. Habiendo previamente rechazado todos sus nombres anteriores, finalmente acepta el nombre «Osho», explicando que viene de la palabra de William James «oceánico». «No es mi nombre», nos dice, «es un sonido curativo.»

Sus miles de horas de charlas improvisadas, impartidas a gente de todo el mundo a lo largo de veinte años, están todas grabadas, la mayoría en vídeo; cintas que pueden ser oídas en cualquier lugar por cualquier persona, cuando, dice Osho: «Habrá allí el mismo silencio».

Las transcripciones de esas charlas están siendo publicadas ahora en cientos de títulos en una docena de idiomas.

En esas charlas, la mente humana es colocada bajo el microscopio como nunca antes, y analizada hasta la más pequeña idea. La mente como psicología; la mente como emoción; la mente como mente/cuerpo; la mente como moralista; la mente como creencia; la mente como religión; la mente como historia; la mente como evolución política y social; toda ella examinada, estudiada e integrada. Luego, grácilmente, abandonada en la búsqueda esencial de la trascendencia.

Durante este proceso, Osho expone la hipocresía y los embustes donde quiera que los vea. Como explica elocuentemente el autor Tom Robbins:

«Reconozco la brisa esmeralda cuando golpetea mis contraventanas. Y Osho es como un viento fuerte y dulce, circunvalando el planeta, haciendo volar los bonetes de rabinos y papas, dispersando las mentiras en las mesas de los burócratas, provocando una estampida entre los burros en los establos de los poderosos, levantando las faldas de los remilgados patológicos, haciendo cosquillas en los espiritualmente muertos y devolviéndoles a la vida.

»Jesús tuvo sus parábolas, Buda sus sutras, Mahoma sus fantasías de las noches árabes. Osho tiene algo más apropiado para especies paralizadas por la avaricia, el miedo, la ignorancia y la superstición: tiene la comedia cósmica.

»Lo que Osho está haciendo, en mi opinión, es traspasar nuestros disfraces, hacer añicos nuestras ilusiones, curar nuestras adicciones y demostrarnos la autolimitadora y a menudo trágica locura de tomarnos a nosotros mismos demasiado en serio.»

Entonces, ¿quién es Osho? ¿El último deconstruccionista? ¿Un visionario que se convierte en su propia visión? Con seguridad, una propuesta a la existencia: que todo el mundo tiene el derecho como persona de disfrutar de la misma experiencia oceánica de una verdadera individualidad. Para eso, dice Osho: «Sólo hay un camino, que va hacia adentro, donde no encontrarás a ningún ser humano, donde sólo encontrarás silencio, paz».

¿Una conclusión? No hay paradas totales en la visión de Osho, sino una ayuda para comprendernos a nosotros mismos.

Me gustaría deciros: la ciencia es el valor más alto. Y sólo hay dos tipos de ciencia: uno, la ciencia objetiva, que decide sobre el mundo externo; y dos, la ciencia subjetiva, que hasta ahora ha sido llamada religión. Pero es mejor no llamarla religión. Es mejor llamarla ciencia de lo interno, y dividir la ciencia en ciencia de lo externo y ciencia de lo interno; ciencia objetiva y ciencia subjetiva. Pero considerada como una única totalidad, la ciencia continúa siendo el valor más elevado; no hay nada por encima de esto.

Osho

PARA MÁS INFORMACIÓN
www.osho.com

Una dirección web en diferentes idiomas que ofrece meditaciones de Osho, libros y casetes, un recorrido *online* de la Osho Commune International de los centros de información de Osho en el mundo y una selección de charlas de Osho.

Osho Commune International	Osho International
17 Koregaon Park	570 Lexington Ave.
Pune 411 011 (MS) - INDIA	New York, N.Y. 10022 USA
Telf.: +91 (212) 628 562	Telf.: 1-212-588-9888
Fax: + 91 (212) 624 181	Fax: 1-212-588-1977
E-mail: osho-commune@osho.org	E-mail: osho-int@osho.org

www.osho.com (internacional)
www.sp.osho.org (española)

Osho ha desarrollado meditaciones activas especiales para el hombre moderno. La mayor parte incluye un período de intensa actividad física y catarsis, seguido de otro de observación silenciosa y celebración.

Todos los libros de Osho son transcripciones de charlas improvisadas a lo largo de su vida a una audiencia de discípulos y amigos. Se han publicado más de seiscientos títulos, de los cuales, más de cincuenta han sido traducidos al castellano.

Lecturas recomendadas:

Meditación, la primera y última libertad (Editorial Gaia, Madrid, 1995).
  Incluye más de sesenta prácticas meditativas fundamentales y responde con claridad y sencillez a las cuestiones más relevantes sobre la práctica meditativa.
Tarot Osho Zen (Editorial Gaia, Madrid, 1998).
  Una manera rápida y divertida de conocer la visión de Osho.

Una nueva versión del juego del tarot dentro de la tradición zen. Diseñado, más que para adivinar el futuro, para profundizar en el presente.

Vislumbres de una infancia dorada (Editorial Gaia, Madrid, 1999). Es el relato que un gran rebelde realiza de su infancia, cuando su iluminación no era más que una chispa curiosa e inocente que abría sus ojos al mundo.

Meditación. Una introducción a la comprensión contemporánea de la meditación (Editorial Debate, Madrid, 1999).

La búsqueda. Los diez toros del zen (Editorial Debate, Madrid, 1999).

El libro del niño. Una visión revolucionaria de la educación infantil (Editorial Debate, Madrid, 1999).

El libro de la mujer. Sobre el poder de lo femenino (Editorial Debate, Madrid, 1999).

Existen CD y casetes con músicas para las principales meditaciones. (New Earth Records.)

Esta edición de 5.000 ejemplares
se terminó de imprimir en
Cosmos Offset S.R.L.,
Cnel. García 442, Avellaneda, Buenos Aires,
en el mes de noviembre de 2003.